PERCEPTION

French listening
and reading comprehensions
for G.C.S.E.

Margueritta Boffin

Head of French, Holmer Green
Secondary School, Buckinghamshire

Longman

LONGMAN GROUP UK LIMITED
Longman House
*Burnt Mill, Harlow, Essex CM20 2JE, England
and Associated Companies throughout the World*

First published 1987

ISBN 0 582 22448 9

Set in 10/12 pt Sabon (Linotron)

*Produced by Longman Group (FE) Limited
Printed by Mackays of Chatham Ltd*

Acknowledgements

May I thank Mme. Brigitte Dowell, of Brudenell Secondary School, Amersham, Buckinghamshire, for her invaluable help in checking the authenticity and correctness of the language and a very special thanks to my husband without whose help, patience and encouragement this book would never have got beyond a pipe dream.

Introduction

This book is intended for all fourth and fifth year students preparing for the G.C.S.E. exam and is particularly suitable for classes with students of widely varying ability.

The examples provide practice in authentic reading and listening comprehension with a range of topics which should be of use and interest to young people. The approach is quite different from that of more traditional comprehension books.

All the listening and reading passages throughout the book are followed by an English question/answer section. This is in accordance with the suggestions laid down by the Department of Education and Science in the National Criteria for French and has been firmly suggested as the best way to test the student's understanding of both the spoken and written word.

The passages can be exploited in a variety of ways. For example, one single text or dialogue can be used by the whole class with a choice of answering techniques to allow for varying ability range. In practice this means that all students would do the English question/answer section, but some would also do the multiple choice section. Those preparing for the extended level of the G.C.S.E. or a similar exam would, in addition, do the French question and answer section (included in the reading comprehension part only as candidates are not expected to answer the listening comprehension in French). These more able students will still need to write accurately in French and by including a French question/answer section they will have the opportunity to develop their command of the written language.

Most passages in this book have a short English introduction – another suggestion from the National Criteria for French which all Boards have adopted.

The multiple choice sections need a little explanation. Since some G.C.S.E. boards have retained this means of testing comprehension, I have included three different kinds of multiple choice. One type is in English, and could also be used as a direct alternative to the English question/answer section. Another is in French, based directly on the text in the usual way, but with little or no extra vocabulary introduced in the answer choices. The third is intended as a means of extending vocabulary and any extra words used are directly linked with those in the text. Thus if the word 'hier' appeared then 'aujourd'hui' and 'demain' would be obvious additions amongst the answer choices.

Although most of the passages have a multiple choice section, there are a few which do not, and in these instances there are usually extra English questions.

A special feature of the listening comprehension cassette is that for the longer dialogues the second reading has pauses included and the questions are suitably grouped as they will be in the new G.C.S.E. exam: thus the second reading is divided into one, two or even three sections together with their appropriate questions, rather than having two consecutive full readings with all the questions at the end. However, since the answer choices are in the order in which the relevant material appears, the cassette may be readily stopped at any appropriate place to allow the student to answer one question at a time, if so desired.

All the passages are based on actual happenings or are about real places. The situations have been experienced by myself or my pupils and the factual material is correct at the time of going to press.

Margueritta Boffin

Contents

Reading comprehension

Listening comprehension

Reading comprehension

Advice to the student

You will be advised which of the sections to attempt for each passage.

English questions should be answered in English and French questions in French.

In both cases you should keep the answers brief and to the point.

Some questions may require more than one fact to be included in the answer.

The multiple choice sections require only a single letter for the answer, e.g. 2a.

Choose the most sensible of the four alternatives.

There is no pattern to be looked for and there are no 'catch' answers.

1   Brigitte is at home

Brigitte is in her room.

Aujourd'hui c'est dimanche et Brigitte ne va pas à l'école. Il est déjà onze heures et demie et elle est toujours au lit. Maman entre dans sa chambre. Elle n'est pas contente.
1. Why isn't Brigitte at school?
2. Where, exactly, is she?

2   The underground

A young girl needs to buy a ticket.

La jeune fille arrive à la station et va au guichet. Elle regarde le prix d'un carnet de tickets et le prix d'un seul ticket. Comme elle va voyager beaucoup dans le métro elle décide de prendre un carnet de dix tickets car c'est moins cher si on achète un carnet.
1. Why does the girl decide to buy a carnet?
2. How many tickets does it contain?

3   A newspaper advertisement

> ## CAFETERIA BRAVO
>
> ### Ouvert tous les jours
> ### Service rapide
> ### Grand parking
>
> **Heures ouvertures**
> **du mardi au samedi**
> **de 11h.30 à 14h.30**
> **et de 18h. à 21h.30**
> **Dimanche et lundi**
> **de 11h.30 à 14h.30**

1. Give two reasons why this cafeteria is likely to be popular.
2. On which day or days is it closed in the evening?

4 Public notices

The following are examples of public notices you might see in France. Each is a warning. What mustn't you do?

1. You are in a train.

Attention à la portière
Il est défendu de se pencher dehors

2. You are in a park.

Il est interdit de marcher sur le gazon
Les chiens doivent être tenus en laisse

3. You are at a pedestrian crossing.

Piétons attendez

5 Mother's Day

Bonne fête Maman

Dites-le avec des fleurs de la Fleurière

Libre Service de Fleurs
Grand Choix de Plantes Vertes

1. What does this advertisement suggest you do?
2. What else is offered?

6 Off on holiday

Chantal and Suzanne are going on holiday by train.

Suzanne et Chantal vont passer une semaine au bord de la mer.
Comme les valises sont très lourdes, elles vont à la gare en taxi.
Elles y arrivent vers midi, achètent leurs billets et vont sur le quai
numéro cinq où elles attendent l'arrivée du train. Enfin, le train
arrive et elles montent dans un compartiment non-fumeurs. Il y a
beaucoup de monde mais elles trouvent deux places de libres, l'une
en face de l'autre. Très contentes elles mettent les bagages dans le
filet et puis à midi vingt, les voilà en route pour St. Malo.

Section one

1. Where are the two girls going for a week?
2. Why do they go to the station by taxi?
3. What do they do when they get there?
4. How do you know the train hasn't arrived?
5. Once on the train what do they do with their luggage?

Section two

1. Avant de partir en vacances on
   a) cherche un porteur.
   b) cherche un taxi.
   c) fait les valises.
   d) défait les valises.

2. Pour prendre le train il faut
   a) aller à l'arrêt d'autobus.
   b) aller au guichet.
   c) aller à la gare routière.
   d) aller à la gare.

3. Dans le train il y a
   a) toujours des places libres.
   b) jamais de places libres.
   c) quelquefois des places libres.
   d) certainement des places libres.

4. Si vous voulez fumer il faut
   a) aller à la gare.
   b) aller dans le train.
   c) acheter des billets.
   d) acheter des cigarettes.

5. Un billet aller et retour coûte moins cher qu'un billet simple.
   Vrai ou faux?

Section three

1. Comment savez-vous que les deux jeunes filles sont en vacances?
2. Pourquoi vont-elles à la gare en taxi?
3. En arrivant à la gare, qu'est-ce qu'elles font d'abord?
4. Ensuite elles vont au quai numéro cinq. Pourquoi?
5. Quelle est la différence entre un compartiment 'fumeurs' et un compartiment 'non-fumeurs'?

7 Breakfast in a French café

In France it is not unusual to have breakfast in a café.

Quand on est en vacances et il fait chaud, rien n'est plus agréable que de prendre le petit déjeuner à la terrasse d'un café. En France, le petit déjeuner consiste d'un bol de café au lait très fort – ou du chocolat chaud pour les enfants – du pain frais ou des croissants, du beurre et de la confiture. Généralement il n'y a ni soucoupe ni assiette. Tout est servi sur une petite nappe en papier qu'on jette après. C'est pratique et on s'y habitue très vite. Quand on est en France il faut vivre comme les Français.

Section one

1. What is it pleasant to do when on holiday and it is hot?
2. What do French children usually drink at breakfast?
3. What is eaten?
4. How is the coffee served?
5. What happens to the paper cloth when breakfast is finished?

Section two

1. On prend le petit déjeuner à la terrasse d'un café
   a) quand on est agréable.
   b) quand on n'a rien.
   c) quand il fait chaud.
   d) quand il n'y en a plus.

2. La terrasse d'un café se trouve
   a) à l'intérieur.
   b) à l'extérieur.
   c) à l'ombre.
   d) au sous-sol.

3. Le café est servi dans
   a) une assiette.
   b) un bol.
   c) une soucoupe.
   d) une nappe en papier.

11

4. Quand on jette quelque chose on
   a) le conserve.
   b) le mange.
   c) s'y habitue.
   d) s'en débarrasse.

5. Qu'est-ce qu'on met dans une soucoupe?
   a) une tasse.
   b) une fourchette.
   c) une assiette.
   d) un couteau.

Section three

1. Quand est-il agréable de prendre le petit déjeuner à la terrasse d'un café?
2. Comment est le café au petit déjeuner?
3. Qui boit du chocolat?
4. Qu'est-ce qu'il y a à la place d'une assiette?
5. C'est très pratique. Pourquoi?

8   Taxi driver

A taxi driver is taking a woman to the station.

Jean Gautier est chauffeur de taxi à Paris. Aujourd'hui il a une cliente qui veut aller à la Gare du Nord pour prendre le train qui part pour Calais à dix heures. Il ouvre la portière, la dame monte et s'installe dans le siège arrière. Jean met les deux valises dans le coffre. Il connaît bien la route, mais à neuf heures il y a beaucoup de circulation et le taxi n'avance pas très vite. Enfin, ils arrivent à la gare. Il est déjà 9h.45. Jean descend les bagages et appelle un porteur. La dame le remercie et le paie. Jean repart aussitôt pour aller au stationnement de taxis. Il y aura bientôt un train et des voyageurs avec leurs bagages. A la Gare du Nord les clients ne manquent pas.

Section one

1. Where does the woman sit in the taxi?
2. What does Jean do with her luggage?
3. Why does the taxi take rather a long time to get to the station?
4. What happens before Jean is paid?
5. Having been paid where does Jean go, and why?

Section two

1. Un chauffeur de taxi est
   a) un garagiste.
   b) un conducteur.
   c) un contrôleur.
   d) un passager.

2. Le siège arrière se trouve
   a) à côté du chauffeur.
   b) dans le coffre.
   c) devant le chauffeur.
   d) derrière le chauffeur.

3. Quand on va à toute vitesse on va
   a) lentement.
   b) doucement.
   c) très vite.
   d) très bien.

4. Pour ne pas manquer le train il faut
   a) arriver en retard.
   b) arriver à l'heure.
   c) arriver à la gare routière.
   d) arriver à Paris.

5. Vous descendez du train et vous cherchez un taxi.
   Allez donc
   a) au guichet.
   b) au stationnement de taxis.
   c) à l'arrêt d'autobus.
   d) au garage.

Section three

1. Où veut-elle aller exactement la cliente, et pourquoi?
2. Que fait Jean de ses bagages?
3. Comment savez-vous que la route est encombrée?
4. En arrivant à la gare, que fait Jean?
5. Que fait-il après le départ de la dame?

9 Have you seen ...?

This short notice appeared on the front page of a French news-paper. Read it carefully before answering the questions.

On recherche le jeune étudiant Jean Girardot âgé de 20 ans. Il a quitté le domicile de sa mère le 28 juillet 1986, vêtu d'un panta-lon gris, de chaussures noires, d'un anorak bleu et noir et d'un tricot bleu. Il a très peu d'argent. Signes particuliers: cheveux coupés à la mode de 1960. Il a les yeux bleus et il porte des lunettes. Il n'a pas de carte d'identité.

Toute personne pouvant don-ner des renseignements est priée de téléphoner au Commissariat au 46.22.31 poste 34.

Section one

1. Why did this notice appear?
2. What is special about the 28th of July?
3. In what way is the young man's hair style unusual?
4. Give two other distinguishing features?
5. What are you asked to do if you have any information about this young man?

Section two

1. Jean Girardot
   a) est à la maison.
   b) est au lycée.
   c) a disparu.
   d) a volé de l'argent.

2. Quel âge a-t-il?
   a) Il a plus de vingt ans.
   b) Il a moins de vingt ans.
   c) Il a vingt ans.
   d) Il n'a pas vingt ans.

3. Il habite
   a) seul.
   b) avec un ami.
   c) avec sa mère.
   d) avec ses grand-parents.

4. Ce jeune homme
   a) a plusieurs signes particuliers.
   b) n'a pas de signes particuliers.
   c) n'a pas de cheveux.
   d) n'a pas de lunettes.

5. Si vous voyez Jean vous devez téléphoner
   a) au bureau des objets trouvés.
   b) au syndicat d'initiative.
   c) au bureau de renseignements.
   d) à la police.

Section three

1. Qui est Jean Girardot et qu'est-ce qui lui est arrivé?
2. Comment sont ses cheveux?
3. A-t-il beaucoup d'argent?
4. Comment savez-vous qu'il ne voit pas très bien?
5. Qu'est-ce qu'il faut faire si vous avez des nouvelles de ce jeune homme?

10 Lunchtime

Alex is staying with a French family. It is lunchtime.

Il est midi et la famille Noret va déjeuner. Alex, un jeune étudiant anglais est dans sa chambre. Il écrit à sa soeur. Ça fait déjà une semaine qu'il est chez son correspondant français et maintenant il commence à comprendre, non seulement quand on lui parle, mais aussi quand il est à table et tout le monde bavarde ensemble. Il fait des progrès et il en est bien content. Sa lettre devient de plus en plus longue. Soudain il entend crier Madame Noret. Le déjeuner est prêt. Vite, il descend car il sait bien que les Français s'impatientent quand il est question de manger! Comme il est midi on mange dans la cuisine et tout le monde se met à table: Madame Noret, les deux enfants (André et Claudine), et Alex. Monsieur Noret n'est pas là car il travaille dans un bureau qui est assez loin de chez lui et comme il n'a qu'une heure pour le déjeuner il préfère prendre quelque chose dans le petit café à côté de son bureau.

Section one

1. What is Alex doing before lunch?
2. How long has he seen staying with the Noret family?
3. Why is he pleased? (*2 reasons*)
4. Why is Alex in a hurry when he hears Madame Noret call?
5. Why doesn't Monsieur Noret come home at lunch time?

Section two

1. Alex est chez la famille Noret
   a) depuis un an.
   b) depuis huit jours.
   c) depuis midi.
   d) depuis l'heure du déjeuner.

2. Maintenant, il comprend le français
   a) beaucoup mieux.
   b) très peu.
   c) quand on lui parle seulement.
   d) quand il est dans sa chambre.

3. Le déjeuner est servi
   a) dans la salle à manger.
   b) dans le salon.
   c) dans la cuisine.
   d) dans le bureau.

4. Ils sont combien à table?
   a) 3
   b) 4
   c) 5
   d) 6

5. Monsieur Noret prend le déjeuner
   a) chez lui.
   b) dans son bureau.
   c) dans un café.
   d) à une heure.

Section three

1. Que fait Alex avant le déjeuner?
2. Pourquoi est-il content?
3. Que fait-il quand il entend crier Madame Noret et pourquoi?
4. Où se trouve le bureau de Monsieur Noret?
5. Où va-t-il à l'heure du déjeuner?

11 Adventure holidays

This boy is talking about holiday camps for young people.

J'ai quatorze ans et mon ami Richard en a quinze. Chaque année nous partons en colonie de vacances.

C'est très agréable une colonie car cela nous permet de visiter des régions que nous ne connaissons pas encore. Et puis, il y a toujours beaucoup d'activités et de distractions et, bien sûr, d'autres jeunes gens du même âge que nous.

L'année dernière nous sommes allés en Allemagne. La colonie était dans une forêt près d'une rivière et nous nous y sommes très bien amusés. Nous avons fait de la pêche et nous avons loué des vélos aussi. Cette année nous allons en Italie. Et l'année prochaine? Ah, ça je ne sais pas encore. L'Espagne peut-être ou même les Pays-Bas.

Section one

1. Why do the boys enjoy going to a holiday camp? (*2 reasons*)
2. What was the exact situation of the holiday camp they went to last year?
3. What did they do there?
4. Where are they going this year?
5. What are their possible plans for next year?

Section two

1. Les deux amis partent en colonie de vacances
   a) de temps en temps.
   b) quand ils veulent visiter l'Allemagne.
   c) tous les ans.
   d) tous les quinze mois.

2. Partir en colonie c'est agréable
   a) parce qu'il y a beaucoup de régions sans distractions.
   b) parce qu'il y a beaucoup de choses à faire.
   c) parce qu'il n'y a pas beaucoup d'autres jeunes gens.
   d) parce qu'il n'y a pas beaucoup d'activités à faire.

3. A la colonie de vacances les garçons vont retrouver des visiteurs
   a) beaucoup plus âgés qu'eux.
   b) beaucoup plus jeunes qu'eux.
   c) du même âge qu'eux.
   d) d'un autre âge.

4. La colonie de vacances en Allemagne se trouvait
   a) dans une forêt, dans une rivière.
   b) près d'une forêt, dans une rivière.
   c) dans une forêt, près d'une rivière.
   d) près d'une forêt, près d'une rivière.

5. Il y a un an, les deux amis ont visité
   a) l'Espagne.
   b) l'Italie.
   c) l'Allemagne.
   d) les Pays-Bas.

Section three

1. Comment savez-vous que les deux garçons vont souvent en colonie de vacances?
2. C'est tres agréable une colonie. Pourquoi?
3. Quand sont-ils allés en Allemagne?
4. Quand iront-ils en Italie?
5. Quels sont leurs projets pour l'année prochaine?

12   The Pompidou Centre

En France presque tous les musées et tous les monuments sont
fermés le mardi. Le dimanche l'entrée des musées est souvent
gratuite mais les autres jours il faut payer une somme modeste.

La Tour Eiffel, Notre Dame, le musée du Louvre et le Centre
Pompidou sont peut-être les monuments les plus populaires pour
les Français ainsi que pour les étrangers.

Le Centre Pompidou est un bâtiment moderne et un peu bizarre.
Il est situé à Beaubourg tout près du Forum des Halles (l'ancien
marché des Halles se trouve maintenant dans la banlieue de Paris).
C'est un centre de culture où sont réunies toutes sortes d'activités et
d'expositions pour les enfants aussi bien que pour les adultes.

Devant le Centre il y a la Piazza où il y a toujours une foule
d'étudiants et très souvent soit des acrobates soit des mimes. Et
pour une vue magnifique du quartier prenez l'escalier roulant qui
se trouve a l'extérieur du bâtiment pour monter, sous son toit en
verre, jusqu'au sommet.

Section one

1. Why is Tuesday to be avoided if you are on a sightseeing holiday
   in France?
2. When do you pay to visit a museum in France?
3. What exactly is the Centre Pompidou?
4. Name two groups of people often seen on the Piazza.
5. How do you get to the top of the building?

Section two

1. Généralement vous ne payez pas pour entrer aux musées en France
   a) le mardi.
   b) le dimanche.
   c) tous les jours de la semaine.
   d) le mardi et le dimanche.

2. Le Centre Pompidou est un peu bizarre. Il est donc
   a) gratuit.
   b) moderne.
   c) extraordinaire.
   d) modeste.

3. Il y a toujours une foule d'étudiants sur la Piazza. Il y a donc
   a) très peu de monde.
   b) deux on trois personnes.
   c) beaucoup de monde.
   d) plusieurs personnes.

4. La banlieue de Paris est
   a) devant le Centre Pompidou.
   b) dans le Forum des Halles.
   c) dans le centre de Paris.
   d) tout autour de Paris.

5. Pour une vue magnifique du quartier de Beaubourg il faut
   a) aller à la Piazza.
   b) chercher l'ancien marché des Halles.
   c) entrer dans le Forum.
   d) monter jusqu'au sommet du Centre Pompidou.

Section three

1. Combien faut-il payer pour entrer dans un musée le dimanche?
2. Quel jour faut-il éviter si vous voulez visiter les monuments en France et pourquoi?
3. Qu'est-ce que c'est le Centre Pompidou?
4. Comment savez-vous qu'il a été récemment construit?
5. Où se trouve le marché des Halles aujourd'hui?

13 Arrival at La Rochelle

This is a true account of the arrival of a school party at the University of La Rochelle where they are to be accommodated for a week.

Enfin, nous voici arrivés à notre destination, l'Université de La Rochelle.

Il est minuit passé. Nous avons quitté l'école à cinq heures du matin et maintenant tout le monde est très fatigué. Dans la salle de réunion le directeur nous offre quelque chose à boire. Puis il me prie de distribuer les clefs en m'expliquant que les chambres sont à tous les étages et qu'il y en a huit.

Comme nous sommes quatre-vingt-cinq élèves, quatre chauffeurs et onze professeurs je me demande comment on va se débrouiller.

Pas question de grandes décisions à une heure du matin. Demain on pourra s'arranger à son aise. Vite, je distribue les clefs. Chaque professeur s'occupe de sa petite bande d'enfants. Les uns se dirigent vers les escaliers les autres vers les deux ascenseurs.

Je remarque que le petit déjeuner est de huit à neuf heures. Le directeur s'approche de moi. Demain le petit déjeuner sera servi jusqu'à dix heures. Il connaît bien les enfants celui-là!

Section one

1. Why was everyone so tired? (2 *reasons*)
2. What was the first thing that happened on arrival at the university?
3. How many floors were there?
4. What was the total number of people in the party needing accommodation?
5. Why do you think the usual breakfast arrangements were changed?

Section two

1. On est arrivé à La Rochelle
    a) avant minuit.
    b) après minuit.
    c) à minuit juste.
    d) à douze heures.

2. Les chambres se trouvent
    a) au rez-de-chaussée.
    b) au huitième étage.
    c) à tous les huit étages.
    d) à côté de la salle de réunion.

3. Le groupe se compose
    a) uniquement de petits enfants.
    b) moitié enfants moitié adultes.
    c) d'un grand nombre d'enfants et de quelques adultes.
    d) d'un grand nombre d'adultes et de quelques enfants.

4. Qui distribue les clefs?
    a) les élèves
    b) le directeur
    c) les chauffeurs
    d) le narrateur

5. Le lendemain le petit déjeuner sera servi
    a) plus tard que d'habitude.
    b) comme d'habitude.
    c) plus tôt que d'habitude.
    d) après dix heures.

Section three

1. Tout le monde était fatigué en arrivant à l'université. Pourquoi?
2. Qu'est-ce que le directeur a fait d'abord?
3. Qu'est-ce qu'il a expliqué ensuite?
4. Pourquoi le narrateur était-il un peu inquiet quand il a appris cette nouvelle?
5. Comment savez-vous que le directeur était au courant des habitudes des jeunes gens?

14 What a match!

An account of a football match with an unexpected finish.

Jean prend le ballon et l'envoie à Louis qui évite plusieurs adversaires et fait une passe à Georges. Et c'est alors que commencent les ennuis. Bruno, le chien de Louis entre sur le terrain et essaie de prendre le ballon des mains de Georges. Vite, celui-ci se débarrasse du ballon et c'est Jean qui l'attrappe. Mais aussitôt Bruno s'élance et il saisit le fond du pantalon de Jean.

'Arrête, tu vas déchirer mon pantalon', crie Jean. Mais en essayant de mettre fin à l'attaque du chien, il perd une chaussure.

Furieux, il fait une passe à Louis qui ne parvient pas à l'attraper. Le ballon roule vers un des adversaires qui le saisit et court vite vers le but. Bruno le poursuivit, la chaussurre de Jean dans sa bouche.

Personne ne peut les arrêter et voilà qu'ils marquent un but, tous les deux!

Section one

1. What happens to upset the game?
2. Why is Jean annoyed?
3. Having finally passed the ball to Louis, what happens?
4. When the dog runs away, what is he carrying in his mouth?
5. How does the game end?

Section two

1. Un adversaire
    a) vous aide.
    b) vous félicite.
    c) vous oppose.
    d) vous perd.

2. Si vous avez des ennuis
   a) vous êtes heureux.
   b) vous êtes malheureux.
   c) vous êtes honnête.
   d) vous êtes malhonnête.

3. Un terrain se trouve
   a) à l'intérieur.
   b) en plein air.
   c) à la maison.
   d) sous la terre.

4. Si vous déchirez quelque chose
   a) il n'est plus parfait.
   b) il n'est plus à vous.
   c) il n'est plus complet.
   d) il n'est plus visible.

5. Quand vous poursuivez quelqu'un
   a) vous l'attrapez.
   b) vous courez après lui.
   c) vous l'évitez.
   d) vous le saisissez.

Section three

1. Pourquoi y a-t-il des ennuis?
2. Pourquoi Jean crie-t-il d'abord?
3. Ensuite, il est furieux. Pourquoi?
4. Qui court vite vers le but suivi du chien?
5. Ils marquent un but tous les deux. Expliquez.

15   Trade fairs

Here is a brief account of two of the most important trade fairs or exhibitions held in Paris each October.

En France on parle beaucoup de salons. Un salon, c'est une exposition où les fabricants peuvent montrer au public ce qu'ils font et ce qu'il y a de nouveau. En octobre, à Paris, il y a deux salons célèbres. Il y a le Salon de l'Auto où les fabricants français et étrangers montrent leurs nouvelles voitures au public et le Salon de l'Enfance.

Au Salon de l'Enfance, les enfants de tous les âges et leurs pères peuvent voir les nouveaux jeux et jouets, et il y a aussi des distractions pour le public. Cette exposition a lieu au C.N.I.T. – Centre National des Industries et Techniques – un endroit énorme et circulaire de 238 mètres de diamètre.

Section one

1. What is the purpose of trade fairs?
2. Which are the important trade fairs in Paris during October?
3. What is on display at each of these fairs?
4. Describe the C.N.I.T. building.
5. Which members of the public are most likely to go to the exhibition there?

Section two

1. On parle beaucoup de salons
   a) en auto.
   b) en public.
   c) en France.
   d) dans les expositions.

2. Au salon de l'auto il y a
   a) seulement des voitures étrangères.
   b) seulement des voitures françaises.
   c) des voitures de partout.
   d) des voitures de Paris.

3. On va au Salon de l'Enfance
   a) pour voir les enfants.
   b) pour jouer en public.
   c) pour regarder les jeux et les jouets.
   d) pour changer de distraction.

4. Qu'est-ce que c'est l'endroit énorme et circulaire de 238 mètres de diamètre?
   a) C'est un palais.
   b) C'est un centre technologique.
   c) C'est un centre de distractions.
   d) C'est un centre pour les enfants.

5. Les adultes ne sont pas admis au salon de l'Enfance.
   Vrai ou faux?

Section three

1. Qu'est-ce qui se passe au mois d'octobre à Paris?
2. Pourquoi les fabricants se réunissent-ils au Salon de l'Auto?
3. Qu'est-ce qu'on peut faire à l'autre salon?
4. Où a lieu cette exposition?
5. En particulier les enfants s'y intéressent. Pourquoi?

16 Classified advertisements

These are two advertisements put in a French newspaper by young people looking for work.

> Jeune Anglaise, très sérieuse, recherche petits travaux domestiques ou garde d'enfants à domicile. Désire perfectionner le français. Ecrire: 7, Shepherds Way, Rickmansworth, Herts., Angleterre.

> Jeune Allemand, 22 ans, cherche travail à La Rochelle ou banlieue. Peu de français. Ingénieur/ mécanicien, mais s'adaptera à n'importe quel travail. Téléphoner au 02.34.04.

Questions

1. Who is looking for work in La Rochelle?
2. What does the German boy say he is prepared to do?
3. What is his real occupation?
4. Who is willing to look after children?
5. Why does this person want a job in France?
6. Who doesn't speak French very well?

Now write your own advertisement, in French, seeking employment.

17   Letter to a friend

Here is a letter from a French boy who has recently been staying in England with his correspondent.

Mon cher Doug,

Bonjour, comment ça va? Voilà un mois que je suis de retour en France et j'ai vraiment honte de mon silence. Et je n'ai pas de quoi m'excuser non plus. Je suis fainéant, c'est tout!

Mon séjour chez toi était vraiment formidable. Maman dit que j'ai grossi. C'est bien possible d'ailleurs. On mange tant de gâteaux et de bonbons en Angleterre. Puis il y a tous ces repas! Il me semble que j'ai passé la plupart de mon séjour à table!

Dis donc, as-tu trouvé une paire de chaussettes sous le lit? Je les ai perdues mais je ne sais où exactement. Si tu les trouves, garde-les, tu pourras toujours me les rendre quand tu viendras chez moi.

A propos, quand arriveras-tu, exactement? C'est toujours le 23 juillet? Mais à quelle heure? Il faut me le dire le plus tôt possible car mon père dit qu'il viendra te chercher à l'aéroport et il devra s'arranger avec son chef de service. Tu as déjà pris ton billet, j'espère!

Et toi, qu'est-ce que tu fais d'intéressant? Tu joues toujours au tennis avec Bob et Margaret? Je fais du golf mais je ne joue pas très bien. Mais cela viendra et on en fera ensemble, si tu veux.

Alors je dois te quitter maintenant. Je travaille comme garçon de café le soir et je commence à six heures. Ce n'est pas seulement les jeunes Anglais qui travaillent pour gagner de l'argent de poche, tu sais!

Eh bien, au mois prochain.

Amitiés à tout le monde,
ton copain,
Bertrand

Questions

1. Why was Bertrand ashamed?
2. What reason did he give?
3. What did his mother say about him?
4. Give two reasons why this was likely.
5. What had Bertrand lost?
6. When is Doug expected in France?
7. How will Doug be travelling?
8. Why does Bertrand's father need to know the exact time of Doug's arrival? (*2 reasons*)
9. Which game does Bertrand hope to play when Doug comes to stay with him?
10. Why did Bertrand need to finish his letter?

18   Holiday accommodation

This is an advertisement for a holiday at an hotel.

Vos vacances d'été à petits prix et grand confort

Hôtel Club Zanzibar

Pensions complètes
Vin et services compris

Dans les Alpes de Sud à Serre Chevalier
980F. par semaine, par personne

S'adresser à l'agence de tourisme de votre ville

Questions

1. Where could you have a cheap summer holiday?
2. Where are you asked to apply if you are interested in this holiday?
3. Is it full board at this hotel?
4. What is also included in the 980F. per week at this hotel?

19 Car hire and motoring information

Here are details of car hire in France and where to apply for further information.

Location de voitures (sans chauffeur)

La Chambre Nationale du Commerce de l'Automobile, 6, rue Léonard de Vinci, Paris (553.63.74).
L'Automobile Club de France, 6 et 8, Place de la Concorde, Paris (265.34.70).
La S.N.C.F. – Service train + auto et train auto-couchettes.

A l'étranger: adressez-vous aux clubs automobiles, aux agences de voyages ou à la S.N.C.F. pour tous renseignements routiers.

Ce qu'il vous faut pour circuler en France:
– un permis de conduire
– un signe distinctif de nationalité (noir sur blanc)
– la carte internationale d'assurance

Questions

1. Name two places in France where you can obtain details of car hire.
2. For what purposes would you contact the S.N.C.F.?
3. In countries other than France, name two places where you could obtain motoring information.
4. What two documents must you have to drive in France?
5. What must your car display?

20 Property market

Here are the agency details of two desirable properties in the Pyrénées Atlantiques.

Pyrénées Atlantiques. Pau.

A LOUER

Maison de campagne

Propriété rustique entièrement rénovée et chauffée sur 2 niveaux.
Rez-de-chaussée: escalier rustique, hall d'entrée, salle de séjour avec cheminée, salon avec cheminée, grande cuisine, arrière-cuisine, W.C.
1er étage: 4 chambres, 2 salles de bains avec W.C. Grenier.
Garage pour 2 voitures. Terrasse dallée. Grand jardin avec piscine chauffée.
6 à 10 personnes. Loyer modéré.
Ecrire: Monsieur Gravier, 23 Avenue Borie, Bordeaux.

Questions

1. Is the house for sale or to let?
2. How many floors or levels are there?
3. In what way has it been modernised?
4. How many reception rooms are there?
5. What are the attractions outside the house?

A LOUER

Studio à Biarritz

2ème étage. Grand studio meublé avec tout confort. 5 minutes de la plage, proche centre ville et marché. Cuisinière à gaz. Terrasse, vue sur la mer. Pour couple ou 3 jeunes personnes. Mois d'août.
Téléphoner au 21.37.43 (heures repas).

Questions

1. How do you know it is near the sea?
2. What else is it near?
3. What cooking facilities are there?
4. When could you rent this studio?
5. When should you telephone to make inquiries?

Additional questions

1. Laquelle des deux propriétés préférez-vous, et pourquoi?
2. Décrivez la maison de vos rêves.

21 T.V. programme guide

This is a French T.V. programme guide. Look at it carefully and answer the questions.

Mardi 15 avril

T.F.1.

12.00 BONJOUR, BON APPETIT
Moules marinières et oignons à la grècque.

12.30 COCKTAIL MAISON
Avec Charlot, Les Compagnons de la Chanson et séquence accordéon avec Serge Gobbi.

13.00 T.F.1. ACTUALITES

13.30 DALLAS
(sous-titres français)

14.30 LES FEMMES ET LA MODE

15.15 SANTE SANS NUAGES
Anémie, médecines herboristes. Le rôle du régime végétarien dans le traitement du cancer.

16.00 L'ANGLAIS SANS LARMES

16.30 BLANCHE NEIGE
Dessin animé de Walt Disney.

18.00 L'HISTOIRE DES JEUX OLYMPIQUES

19.15 ACTUALITES REGIONALES

20.00 T.F.1. ACTUALITES

20.30 LA METEO

20.35 SALUT LES MICKEY

21.35 LA BELLE AU BOIS DORMANT
Film de Jean Cocteau.

23.10 T.F.1. ACTUALITES

Questions

1. What type of programme is being shown at 12.00?
2. What type of programme follows at 12.30?
3. Give a suitable English title for the programme at 14.30.
4. What three aspects of health are to be discussed in 'Santé sans nuages'? (*4 marks*)
5. What type of programme is being shown at 16.00?
6. Give the English title for the programme being shown at 16.30.
7. What kind of programme is it?
8. If you're interested in sport, which programme should you watch?
9. Give the English title for the film to be shown at 21.35.
10. At what times are there news bulletins throughout the day?

22 Two official documents

Here are two documents received when an English person was sent a present from France.

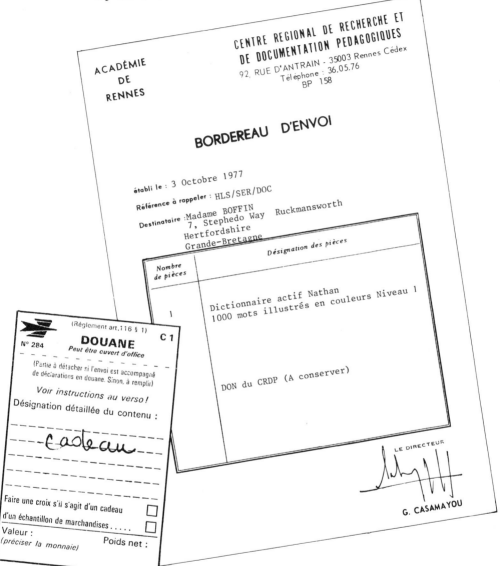

ACADÉMIE
DE
RENNES

CENTRE REGIONAL DE RECHERCHE ET
DE DOCUMENTATION PEDAGOGIQUES
92, RUE D'ANTRAIN - 35003 Rennes Cédex
Téléphone : 36.05.76
BP 158

BORDEREAU D'ENVOI

établi le : 3 Octobre 1977

Référence à rappeler : HLS/SER/DOC

Destinataire : Madame BOFFIN
7, Stephedo Way   Ruckmansworth
Hertfordshire
Grande-Bretagne

Nombre de pièces	Désignation des pièces
1	Dictionnaire actif Nathan 1000 mots illustrés en couleurs Niveau 1
	DON du CRDP (A conserver)

LE DIRECTEUR

G. CASAMAYOU

(Règlement art.116 § 1)

N° 284   **DOUANE**   C 1
Peut être ouvert d'office

(Partie à détacher si l'envoi est accompagné de déclarations en douane. Sinon, à remplir)

Voir instructions au verso!

Désignation détaillée du contenu :

Cadeau

Faire une croix s'il s'agit d'un cadeau ☐
d'un échantillon de marchandises ..... ☐

Valeur :
(préciser la monnaie)   Poids net :

Questions

1. What, exactly, are these two documents?
2. What, precisely, did the person receive?
3. From which town in France was it sent?
4. To whom was it sent?
5. What is the purpose of 'HLS/SER/DOC'?

23   Letter from a college

le 10 janvier 87   Collège de Romillé
                                    35850 France

Chère Madame Simpson,

Je suis un nouveau professeur d'anglais au collège de Romillé. Le directeur m'a confié votre dossier afin que je prenne contact avec vous. Il a gardé un très bon souvenir du dernier échange.

A la rentrée prochaine, c'est à dire en septembre 1987, nous déménagerons dans un nouveau collège et nous aimerions attendre la prochaine année scolaire pour réaliser un nouvel échange d'élèves.

Cet échange pourrait avoir lieu pendant les vacances de Noël 1987-88 ou pendant les vacances de Pâques 1988. Qu'en pensez-vous? Nous aimerions avoir votre avis à ce sujet car nous désirons vraiment faire un nouvel échange qui est très profitable pour les élèves.

Dans l'attente d'une réponse, recevez Madame, nos salutations distinguées et nos meilleurs voeux pour 1987.

Jean-Louis Renoir

Questions

1. Mention three things about the person who wrote this letter.
2. What did the head of the college remember with pleasure?
3. What was going to happen at Romillé in September 1987?
4. Give the suggested times when an exchange could take place.
5. Why was the writer keen to re-establish links with England?

24 Television in France

La télévision en France efface les frontières car actuellement il y a au moins trente départements et plus de six millions de spectateurs qui peuvent regarder les images venues d'ailleurs.

De toutes les chaînes étrangères celles de Monte Carlo et du Luxembourg sont les plus populaires – grâce surtout à leurs films. Après tout, la plupart des gens cherchent à s'amuser et tandis que la T.V. française est souvent sérieuse, les chaînes étrangères offrent des émissions plus frivoles. Alors, pour regagner ces téléspectateurs errants les chaînes principales commencent à offrir, depuis quelque temps, un mélange beaucoup plus divertissant. Il y a des téléfilms en épisodes, du sport, quelquefois des jeux, des dessins animés et même – quelle horreur – les séries américaines. Mais malgré cette invasion, la culture française tient tête, et pour ceux qui préfèrent la réflexion à la distraction, les émissions ne manquent pas.

Questions

1. Television is no respecter of frontiers. Explain this with reference to the text.
2. Why are the television programmes from Monte Carlo and Luxembourg so popular?
3. What are the French T.V. companies doing to win back viewers? (*3 examples*)
4. Why are there still a great many cultural programmes on French television?

25 A working holiday

A personal account of a typical day on a working holiday in France.

mardi 4 août

Aujourd'hui je me suis levé à six heures et quart, (une demi-heure plus tard qu'hier). J'ai encore faim après le petit déjeuner car je n'ai pas eu le temps de manger comme je voulais. Heureusement il me reste une pomme et je la mets dans ma poche.

Il fait un peu frais mais le soleil brille et par ce beau temps c'est un plaisir de travailler dehors. Je prends le chemin qui mène à l'école. La piscine est tout près et c'est là que je vais travailler jusqu'à midi. Après le déjeuner on m'envoie aider les garçons qui réparent le chemin qui monte à la loge du concierge. C'est un travail dur et il fait maintenant très chaud. A cinq heures je suis tout à fait épuisé. Le chef d'équipe nous dit que le travail est terminé pour aujourd'hui. Encore un jour de passé et encore deux heures à attendre avant le dîner!

Section one

1. Why was the narrator still hungry after breakfast?
2. What was the weather like when he got up?
3. What were his tasks that day?
4. How do you know he was not the only person working at the site?
5. At what time was the evening meal?

Section two

1. What time did the narrator get up on Monday morning?
   a) 6.15
   b) 6.45
   c) 5.45
   d) 6.00

2. What did he take with him to work on Tuesday?
   a) His jacket.
   b) Something to read.
   c) His breakfast.
   d) An apple.

3. He spent that morning
   a) swimming.
   b) sleeping.
   c) repairing the pathway.
   d) repairing the swimming pool.

4. The pathway he was helping to repair was
    a) next to the swimming pool.
    b) opposite the school.
    c) leading up to the caretaker's house.
    d) behind the school.

5. How did he feel when he had finished his days work?
    a) pleased
    b) bored
    c) satisfied
    d) tired

Section three

1. Pourquoi le narrateur avait-il faim après le petit déjeuner?
2. Quel temps faisait-il?
3. Comment savez-vous que le jeune homme travaillait en plein air?
4. Comment a-t-il passé l'après-midi?
5. Qu'est-ce qui s'est passé à cinq heures?

26 Edinburgh Festival – Part one

A description of the Edinburgh Arts Festival including sight-seeing information.

Si vous allez à Edimbourg au mois d'août, n'oubliez pas de retenir à l'avance votre chambre d'hôtel ou votre pension. Pourquoi? Parce que c'est à cette époque de l'année qu'a lieu le Grand Festival, et tout le monde qui s'intéresse aux Beaux Arts se précipite vers cette ville.

Et il y a quelque chose pour tous les goûts. Si vous aimez les monuments historiques il y a plusieurs beaux châteaux à visiter. Le soir il y a le célèbre Tattoo où les Ecossais, en jupe traditionnelle, vous offrent un spectacle vraiment magnifique dans la cour du grand Château d'Edimbourg perché sur un rocher qui domine les jardins publics.

Puis, il y a beaucoup de promenades à faire et des magasins à visiter. Mais si vous êtes vraiment énergique, vous pouvez monter à pied jusqu'au sommet du seul volcan en Grande Bretagne, 'King Arthur's Seat'. (*A suivre*)

Section one

1. When is the Edinburgh Festival?
2. Why is it advisable to book your accommodation well in advance?
3. Name two things you can do if you like sight-seeing.
4. At what time of day is the Tattoo and where does it take place?
5. What is King Arthur's Seat?

Section two

1. Au mois d'août à Edimbourg il faut retenir à l'avance votre chambre
   a) parce qu'il y a peu de monde.
   b) parce qu'il y a beaucoup de monde.
   c) parce qu'il y a beaucoup d'hôtels.
   d) parce qu'il y a un seul théâtre.

2. En août les gens vont à Edimbourg
   a) pour les hôtels.
   b) pour les Ecossais.
   c) pour les magasins.
   d) pour le Grand Festival.

3. Le Tattoo se passe
   a) dans un château.
   b) dans un parc.
   c) dans un jardin public.
   d) dans un hôtel.

4. Qu'est-ce qui domine les jardins publics?
   a) les Ecossais
   b) les magasins
   c) le château
   d) le parc

5. Si vous voulez visiter le volcan il faut être
   a) célèbre.
   b) Ecossais.
   c) en pleine forme.
   d) seul.

27 Edinburgh Festival – Part two

This passage is mainly concerned with the Fringe Theatre – an alternative to the traditional theatre.

Puis il y a des divertissements à tout moment de la journée. Des foires, des pièces de théâtre, des défilés. Mais sans aucun doute, c'est ce qui se passe au théâtre qui intéresse la plupart des gens qui viennent à Edimbourg au mois d'août.

Il y a, bien sur, les pièces de théâtre où les acteurs sont très bien connus et dont les auteurs sont déjà célèbres. Et les théâtres ne manquent pas – seulement les places! Mais pour moi, ce que je préfère, c'est le théâtre qu'on appelle le 'Fringe'.

C'est-à-dire, des divertissements de toutes sortes, exécutés par des groupes d'étudiants ou de jeunes gens qui viennent de tous les coins du pays. Ces groupes vous offrent un choix infini de spectacles y compris de la danse, du mime et des pièces de théâtre classiques et modernes.

Et ils les présentent n'importe où – dans les caves, dans les salles de réunion, dans les églises, dans les clubs des jeunes, dans les écoles et même dans les usines abandonnées!

Ces représentations commencent souvent à dix heures du matin et continuent, tour à tour, jusqu'à minuit ou plus tard.

C'est passionnant et ce n'est pas cher.

Section one

1. What draws most people to the Edinburgh Festival?
2. Explain the special characteristics of the Fringe.
3. What kind of entertainments does the Fringe offer?
4. Name three types of venue where these shows might be held.
5. Between what times are they generally performed?

Section two

1. A Edimbourg il y a
   a) beaucoup de théâtres.
   b) peu de théâtres.
   c) un théâtre seulement.
   d) des théâtres abandonnés.

2. Dans un grand théâtre on trouve généralement
   a) des acteurs peu connus.
   b) des acteurs connus.
   c) des acteurs inconnus.
   d) des auteurs seulement.

3. Le 'Fringe' se compose
   a) d'un groupe de soldats.
   b) d'un groupe d'étrangers.
   c) d'un groupe d'artistes.
   d) d'un groupe d'Ecossais.

4. Si vous assistez à une représentation du 'Fringe' vous vous trouverez probablement
   a) dans un grand théâtre.
   b) dans un lieu imprévu.
   c) dans un hôtel.
   d) dans un autre pays.

5. Ces spectacles ont lieu
   a) toute la journée.
   b) le soir seulement.
   c) le matin seulement.
   d) l'après-midi.

28   In memoriam

En 1984, au mois de mars, dans un accident de la route, Monique le Roy est morte.

Elle avait quarante-neuf ans. Son compagnon, le Dr. Martineau, alors âgé de soixante et un ans, en était inconsolable.

Cependant, une idée lui est venue. Conserver le corps de Monique. Il a donc mis le cadavre dans un congélateur dans l'espoir qu'un jour, la science ferait revivre sa compagne.

Le congélateur, entouré d'une chaîne plombée, reste actuellement dans une petite pièce dans un caveau.

L'accès est par la crypte du Château du Préuil où habite le Dr. Martineau. Près du congélateur, il y a un manomètre qui indique la température à l'intérieur du sarcophage. Un système d'alarme alertera le docteur en cas d'un changement de température qui doit rester à moins de – 65 degrés centigrades.

Mais la communauté scientifique n'est point d'accord en ce qui concerne la possibilité de la réanimation d'un cadavre. On sait congéler et réanimer les embryons et les organismes élémentaires, mais un corps entier, ça c'est bien autre chose. On n'a pas encore réussi à réanimer ce qui était déjà mort au moment de la congélation. Et voilà le grand inconvénient.

Cependant, le Dr. Martineau reste optimiste. Il sait bien que c'est un rêve futur, mais l'amour est plus fort que la mort et donc, en attendant, avec patience, le grand miracle, le docteur veille sur le sarcophage de sa Belle glacée.

Section one

1. How did Monique le Roy die?
2. What was Dr. Martineau's plan?
3. Why did he do it?
4. Whereabouts is Monique's body? (*3 marks*)
5. In what connection is the temperature of −65 degrees centigrade mentioned?
6. What do scientists think of Dr. Martineau's hopes of success?
7. How far has science advanced in the preservation of living organisms? (*2 marks*)
8. What is the real problem in reanimating a dead body?

Section two

1. Le Dr. Martineau était inconsolable. C'est-à-dire
   a) il était heureux.
   b) il était très triste.
   c) il était vieux.
   d) il était très fatigué.

2. Un congélateur c'est pour
   a) refroidir quelque chose.
   b) réchauffer quelque chose.
   c) réduire quelque chose.
   d) réanimer quelque chose.

3. Voilà trois définitions d'une 'pièce' et une autre définition qui est fausse. Laquelle ne va pas avec les autres?
   a) a room
   b) a coin
   c) a note
   d) a play

4. Si la température est à moins de −65 degrés centigrades
   a) il fait froid.
   b) il fait assez froid.
   c) il fait très froid.
   d) il fait chaud.

5. Si la communauté scientifique n'est point d'accord
   a) elle se dispute.
   b) elle se hâte de conclure.
   c) elle conclut sans réfléchir.
   d) elle n'a pas de problèmes.

29 A special kind of dictionary

Les enfants aiment beaucoup un dictionnaire illustré! D'abord, quand ils sont petits, ils regardent les illustrations et puis plus tard, ayant remarqué la silhouette d'un grand nombre de mots ils commencent à s'intéresser aux textes.

Généralement les mots choisis sont ou définis, ou présentés dans un contexte facile à comprendre et l'illustration aide à cette compréhension.

Pour ceux qui ne savent pas encore lire ces illustrations suffisent. Les 'grands' qui savent déjà lire et écrire peuvent faire des listes de mots d'une particularité d'orthographe. Ils peuvent aussi mettre les mots au féminin ou au pluriel, copier et modifier.

Même les jeunes étrangers peuvent s'y informer car ils y trouvent, non seulement les illustrations qui se font immédiatement comprendre, mais aussi un texte simplifié et l'emploi correct des mots les plus usuels.

Section one

1. What is the main difference between the kind of dictionary mentioned in the passage and a standard one?
2. For whom is it intended?
3. By recognising the shapes of many words what is it hoped the younger children will do?
4. Give two ways the dictionary might be used by older children who can read and write?
5. How would it help foreign students?

Section two

1. On se sert d'un dictionnaire
   a) pour s'amuser.
   b) pour s'informer.
   c) quand on ne sait pas lire.
   d) quand on est fatigué.

2. Si vous remarquez la silhouette d'un mot
   a) vous le comprenez.
   b) vous le voyez.
   c) vous l'écrivez.
   d) vous le dessinez.

3. 'Comment ça s'écrit maman?', demande le petit Jules. Il veut savoir
   a) l'orthographe.
   b) l'autographe.
   c) la signification.
   d) la définition.

4. Pour ceux qui ne savent ni lire ni écrire un dictionnaire ordinaire est
   a) indispensable.
   b) intéressant.
   c) instructif.
   d) inutile.

5. Un étranger vient
   a) d'une ville étrange.
   b) d'un village isolé.
   c) d'un autre pays.
   d) de la banlieue.

Section three

1. Qu'est-ce que c'est qu'un dictionnaire illustré?
2. On dit que les enfants l'aiment beaucoup. Pourquoi?
3. Même les petits enfants peuvent s'en servir. Comment exactement?
4. Pour ceux qui savent lire et écrire quel est l'intérêt d'un dictionnaire illustré?
5. Pour le jeune étranger c'est un dictionnaire très utile. Pourquoi?

30 In search of truffles

La truffe, qu'est-ce que c'est? Eh bien, pour nous qui sommes tous neufs aux délices de ce fruit de terre, il suffit de dire que c'est un genre de champignon souterrain qui se trouve principalement dans la région du Perigord. Son cycle végétatif se déroule entièrement sous terre et la récolte s'effectue de novembre à mars. Il y a des chênes truffiers souvent plantés sous une vigne ou derrière et si vous cherchez un sentier des truffières vous y trouverez des panneaux explicatifs. Il y a plus de 30 espèces de truffe, toutes très différentes d'aspect, d'odeur et de goût.

Pour la création d'une truffière il faut le choix de terrain et de différentes techniques de plantation. Les trois méthodes les plus utilisées pour la recherche de truffes sont toujours le chien, la mouche et le cochon. Et si vous vous intéressez à la bonne cuisine, il y a non seulement les recettes de grands cuisiniers mais aussi de différentes façons d'utiliser la truffe dans la cuisine familiale. En plus, vous trouverez souvent une petite rondelle de truffe dans les boîtes de pâté de foie gras. La truffe c'est le luxe.

Section one

1. What is a truffle, and how does it differ from a mushroom?
2. When is the best time to go looking for truffles?
3. Where would you go to find them?
4. How many species are there?
5. Explain why dogs and pigs are mentioned in connection with truffles.

Section two

1. La truffe pousse
   a) sous un panneau.
   b) sous terre.
   c) dans les chênes.
   d) dans les vignes.

2. Vous trouverez des truffes surtout
   a) au mois de mai.
   b) au mois de janvier.
   c) au mois de septembre.
   d) au mois de juillet.

3. Vous allez à la recherche de truffes
    a) avec un panneau explicatif.
    b) avec un cycle végétatif.
    c) avec des chênes.
    d) avec des animaux.

4. Pour savoir comment utiliser les truffes il faut
    a) une grande cuisine.
    b) la cuisine familiale.
    c) un panneau explicatif.
    d) une recette.

5. Les truffes se trouvent surtout dans la région du Perigord. Vrai ou faux?

Section three

1. Expliquez la différence principale entre la truffe et le champignon.
2. Quand faudra-t-il aller à la recherche de truffes, et où les trouverez-vous?
3. Où trouverez-vous les panneaux explicatifs sur la truffe?
4. Quelles méthodes de recherches sont les plus utilisées?
5. Quel est le rapport entre la truffe et le pâté de foie gras?

31 The Eiffel Tower

Dès le début, la Tour Eiffel a été l'objet de curiosité tant pour les Parisiens que pour les touristes. Elle a été construite en 1889 pour l'Exposition Universelle et on a conçu une durée de 20 ans pour ce symbole de l'esprit d'entreprise de l'époque.

Mais dès sa construction, son succès a été étonnant, malgré ses critiques, et aujourd'hui personne ne pense plus à la disparition de la Tour tant elle représente tout ce qui est Paris.

Il y en a qui disent qu'elle est laide, abominable, affreuse, pourtant les curieux ne manquent pas. La vue de la galérie supérieure s'étend, en certains points, jusqu'à 85 kilomètres et ses ascenceurs hydroliques et éléctriques, ses restaurants, et ses galéries, sont toujours encombrés de visiteurs. En plus, il ne faut jamais oublier que la Tour est devenue la première grande antenne d'émission radio et que, aujourd'hui, elle a aussi des transmitteurs de télévision.

Section one

1. What took place in Paris in 1889 and in what way is the event connected with the Eiffel Tower?
2. How do you know that the Eiffel Tower was not expected to be a permanent monument?
3. Was it an immediate success with the public?
4. What criticisms were levelled against it?
5. From whereabouts on the tower can you get the most extensive view?
6. Name two of the tower's special attractions.
7. How do you know it is still a very popular tourist attraction?
8. In what way is it connected with broadcasting?

Section two

1. Qu'est-ce qui s'est passé en 1889?
2. Comment savez-vous que la Tour Eiffel a été un grand succès malgré ses critiques?
3. Pourquoi ne pense-t-on plus à sa disparition?
4. Quels sont les attraits de la Tour?
5. Aujourd'hui elle a une autre raison d'être. Qu'est-ce que c'est?

Listening comprehension

Advice to the student

Answer all questions in English.

Any names in French will be given to you to copy.

Keep your answers brief and to the point.

Some questions may require more than one fact to be included in the answer.

The multiple choice sections require only a single letter for the answer, e.g. 1b.

Choose the most sensible of the four alternatives.

There is no pattern to be looked for and there are no 'catch' answers.

1 Asking the way

A girl stops a passer-by in the street.

1. Where does she want to go?
2. What must she do at the traffic lights?

2 At home

Mother, sounding annoyed, is talking to her son Paul.

1. Where, exactly, does the conversation take place?
2. At what time is lunch?

3 A telephone call

The telephone rings.

Who replies? Mother or her daughter Yvette?

4 Homework

Father and Paul are discussing homework.

What does Paul reply to his father's question?

5 Shopping

Two girls are shopping.

1. What are they talking about?
2. Why do they decide to go to Monoprix?

6 The metro

A boy is talking to a policeman.

What does he want to know?

7 The ticket office

The boy arrives at the ticket office.

What does he ask for?

8 Asking directions

He then asks the way to Odéon – a station on the Paris metro.

1. Can he get to Odéon without changing trains?
2. What must he look for at Châtelet?

9 Plans for the day

Suzanne and Chantal are on holiday discussing their plans for the day.

Section one

1. What is the weather like?
2. Where are the two girls going to spend the day?
3. What is Suzanne going to wear?
4. How do you know the girls haven't yet had their breakfast?
5. When and where are they expecting to have their lunch?

Section two

1. Ce dialogue se passe le matin parce que
   a) le soleil brille et il fait beau.
   b) Suzanne veut aller à la plage.
   c) c'est l'heure du petit déjeuner.
   d) Suzanne n'est pas au lit.

2. Suzanne met son bikini parce qu'elle va
   a) se promener.
   b) se coucher.
   c) se baigner.
   d) se laver.

3. Les deux filles vont à la plage
   a) après le déjeuner.
   b) avant le petit déjeuner.
   c) l'après-midi.
   d) après le petit déjeuner.

4. Le bikini de Suzanne est
   a) nouveau.
   b) très vieux.
   c) trop grand.
   d) rouge.

5. Les filles vont faire un pique-nique à midi
   a) parce qu'elles aiment manger en plein air.
   b) parce qu'elles ont beaucoup d'argent.
   c) parce qu'elles préfèrent rester à la plage.
   d) parce qu'elles veulent manger le soir au restaurant.

10   A telephone call

Thierry is inviting his friend, Jérôme, out for the afternoon.

Section one

1. What does Madame Perrier want to know?
2. Where is her son?
3. What does she do to attract his attention?
4. Why is Thierry telephoning his friend?
5. Where are the two boys going to meet and at what time?

Section two

1. Qui répond au téléphone?
   - *a*) Thierry
   - *b*) Madame Perrier
   - *c*) Jérôme
   - *d*) personne

2. Où se trouve Thierry?
   - *a*) A la maison.
   - *b*) Au stade.
   - *c*) Dans le jardin.
   - *d*) Au match de football.

3. Où se passe le match de football?
   - *a*) Devant le stade.
   - *b*) Derrière le stade.
   - *c*) A côté du stade.
   - *d*) Dans le stade.

4. Le match commence?
   - *a*) avant 13h.45
   - *b*) après 13h.45
   - *c*) le matin
   - *d*) le soir

5. Les deux garçons ont rendez-vous?
   - *a*) Tout de suite.
   - *b*) Avant le petit déjeuner.
   - *c*) Après le dîner.
   - *d*) Cet après-midi.

11 Airport meeting

Pamela has just arrived in France by plane and is met by her friend, Aline, at the airport.

Section one

1. How long was the journey?
2. How far from Heathrow does Pamela live?
3. Why was she hungry?
4. Why was Aline in a hurry to get home?
5. How long would it take to get there?

Section two

1. Pamela a trouvé le voyage
   a) ennuyeux.
   b) très long.
   c) très rapide.
   d) très fatigant.

2. Le voyage a duré
   a) plus de quarante minutes.
   b) moins de quarante minutes.
   c) une demi-heure.
   d) quarante minutes.

3. La maison de Pamela se trouve
   a) à Heathrow.
   b) loin de Heathrow.
   c) près de Heathrow.
   d) à Londres.

4. Pendant le voyage Pamela
   a) a bien mangé.
   b) n'a pas mangé.
   c) a trop mangé.
   d) a vite mangé.

5. Les deux jeunes filles voulaient rentrer vite pour
   a) se coucher.
   b) préparer le repas.
   c) prendre le déjeuner.
   d) dire au revoir à maman.

12   At the customs

An English girl is going through the French customs.

Section one

1. What document is the girl asked for?
2. How long will she be staying with her penfriend?
3. Why does the customs official ask if the cases are hers?
4. Name two of the presents she is taking to give her friend.
5. How do you know that the contents of her cases were acceptable?

Section two

1. Combien de temps la jeune fille va-t-elle passer en France?
   a) une semaine
   b) trois mois
   c) un mois
   d) trois semaines

2. Qu'est-ce qu'elle doit montrer avant de passer à la douane?
   a) ses valises
   b) son billet
   c) son passeport
   d) ses cadeaux

3. A la douane elle doit
   a) fermer les valises.
   b) ouvrir les valises.
   c) cacher les valises.
   d) vendre les valises.

4. Elle a combien de cadeaux?
   a) un
   b) deux
   c) trois
   d) quatre

5. Les cadeaux sont pour
   a) sa maman.
   b) son amie.
   c) son correspondant.
   d) elle-même.

13   Hitch-hiking

A student is hitch-hiking in France.

Section one

1. How far was the hostel from the place the car stopped?
2. Why did the young man thank the lady?
3. In what way was the lady's journey more pleasant than usual?
4. Where did the young man hope to go for his holidays next year?
5. Where was his rucksack?

Section two

1. How was the young man travelling?
    a) By train.
    b) On a bicycle.
    c) On a motorbike.
    d) Hitch-hiking.

2. The dialogue took place
    a) at a campsite.
    b) at Rouen.
    c) at Cannes.
    d) at a youth hostel.

3. The lady was
    a) a passenger in a car.
    b) the driver of a car.
    c) a teacher.
    d) a close friend.

4. What was only about five minutes away?
    a) the town
    b) the campsite
    c) the youth hostel
    d) the college

5. When does the young man hope to complete his studies?
    a) This year.
    b) Next year.
    c) Next month.
    d) He has already completed them.

14 Introductions

David has just arrived at his penfriend's home. Philippe helps him with a tricky situation.

Section one

1. What meal will the family be having shortly?
2. What does David want to do before eating and what has he not yet done?
3. Why does he want to do this?
4. Where is the telephone?
5. Who is going to help him make the call?

Section two

1. David arrived at his penfriend's home at
   a) 8 a.m.
   b) 8 p.m.
   c) 6 a.m.
   d) 6 p.m.

2. What were the first two things Philippe's father asked David?
   a) 'When did you arrive and are you hungry?'
   b) 'Did you have a good journey and have you unpacked yet?'
   c) 'Did you have a good journey and when did you arrive?'
   d) 'So you're David Turner. Did you have a good journey?'

3. What did David say he wanted to do?
   a) Eat, because he was very hungry.
   b) Say hello to Philippe's mother.
   c) Go into the living room.
   d) Telephone his mother.

4. Having lifted the telephone receiver, what did Philippe tell David to do first?
   a) Dial his home number.
   b) Listen for the pips.
   c) Wait for the operator to answer.
   d) Listen for the dialling tone.

5. What was the first number to be dialled?
   a) 44
   b) 19
   c) 0923
   d) 923

15   Shopping plans

Angèle and Christine have just met in the street and are discussing a birthday.

Section one

1. Where were the girls going when they met each other?
2. What was Angèle's mother going to make and why?
3. What was Angèle going to do on behalf of her brother?
4. Why was Christine going to the baker's?
5. How much money had Angèle's brother given her?
6. What didn't her father want?
7. What had her father recently acquired?
8. What did Christine suggest as a present for him?
9. Why was it a good suggestion? (2 *reasons*)
10. Where did the girls go to buy the present?

Section two

1. Angèle fait des courses. Pourquoi?
   a) Parce qu'elle veut acheter un gâteau et des crêpes.
   b) Parce qu'elle va rencontrer Christine.
   c) Parce que c'est l'anniversaire de son petit frère.
   d) Parce que maman veut des provisions.

2. Quand les deux filles se rencontrent Christine dit qu'elle va
   a) à la boulangerie du quartier.
   b) à la rue Victor Hugo.
   c) en ville avec des croissants.
   d) chercher Victor.

3. Qui est Lucien?
   a) Le frère de Christine.
   b) Le frère d'Angèle.
   c) Le père de Christine.
   d) Le père d'Angèle.

4. Qu'est-ce que papa ne veut pas comme cadeau?
   a) des chaussettes
   b) un ordinateur
   c) une cravate
   d) quinze francs

5. Qu'est-ce que Angèle achète pour son père finalement?
   a) un magasin
   b) une librairie
   c) un ordinateur
   d) un magazine

16   At a café

Alex and Jean chat while they have a snack in a French café.

Section one

1. Why did the boys decide to go to a café?
2. Where did they sit?
3. What did they order?
4. What is Alex intending to do with all his postcards eventually?
5. While Alex is writing them, what is Jean going to do?

Section two

1. Au café, les deux garçons se mettent
   a) à la terrasse au soleil.
   b) à la terrasse en bas.
   c) à la terrasse à l'ombre.
   d) à la terrasse au coin.

2. Jean va prendre
   a) un citron pressé.
   b) une glace.
   c) un chocolat.
   d) un cidre.

3. Au café, Alex va
   a) acheter un journal.
   b) acheter des cartes postales.
   c) lire le journal.
   d) écrire des cartes postales.

4. Pourquoi Alex écrit-il tant de cartes postales?
   a) Pour faire plaisir à sa famille.
   b) Pour en faire collection plus tard.
   c) Pour ennuyer Jean.
   d) Pour les regarder.

5. Où se trouvent les petites annonces?
   a) Dans le journal.
   b) Au kiosque.
   c) Au café.
   d) Dans un album.

17 At the bank

These two girls are going to the bank. One is French, the other English.

Section one

1. Give two reasons why the girls were looking for a bank.
2. What two documents were they asked to produce?
3. How much money did the English girl change?
4. What was she intending to do with the money?
5. Why did Giselle ask her friend if she had any traveller's cheques?
6. If the banks were closed where else could these cheques be changed?
7. Where did the girls go on leaving the bank and for what purpose?

Section two

1. Pour toucher un chèque en France un Français doit montrer
   a) son passeport.
   b) son permis de conduire.
   c) sa carte d'identité.
   d) son carnet de chèques.

2. Pour toucher un chèque en France un étranger doit montrer
   a) son permis de conduire.
   b) sa carte d'identité.
   c) son passeport.
   d) sa note.

3. On trouve des livres sterlings
   a) à la banque.
   b) à la bibliothèque.
   c) à la librairie.
   d) à la caisse.

4. Si quelqu'un vous paie un verre
   a) il vous offre quelque chose à manger.
   b) il vous offre quelque chose à boire.
   c) il vous offre un cadeau vert.
   d) il vous offre un petit verre.

5. Vous prenez un apéritif
   a) avant le repas.
   b) après le repas.
   c) à la banque.
   d) au bureau de change.

18   A taxi ride

This man is in Paris and has just hailed a taxi to take him to the station.

Section one

1. Why was the man in a hurry? (*2 reasons*)
2. Where did the taxi driver put the luggage?
3. Explain why the man was irritated twice during the taxi ride.
4. On arrival at the station how much time had he to catch the train?
5. What reason did the man give for not wanting a porter?

Section two

1. L'homme a pris un taxi parce qu'il
   a) voulait aller à la gare routière.
   b) cherchait ses bagages.
   c) était très pressé.
   d) ne savait pas l'heure.

2. Le chauffeur de taxi a mis les bagages
   a) dans le coffre.
   b) dans le train.
   c) à côté de lui.
   d) à côtè de l'homme.

3. A cause d'un embouteillage en route le taxi
   a) s'avançait vite.
   b) s'avançait lentement.
   c) se trouvait à la Gare du Nord.
   d) se trouvait à la station de taxis.

4. Pourquoi se sont-ils arrêtés en route?
   a) Parce qu'ils ont oublié les bagages.
   b) Parce que les feux étaient au rouge.
   c) Parce qu'il y avait un embouteillage à la Gare de l'Est.
   d) Parce qu'ils ont eu de la chance.

5. A la Gare de l'Est l'homme a donné au chauffeur
   a) ses bagages.
   b) de la monnaie.
   c) 38 francs.
   d) plus de 38 francs.

19   Rules of the game

Gilles and Alain are at home. There are problems to solve.

1. What was Gilles doing when he was interrupted by Alain?
2. Why did Alain need assistance?
3. What had he just bought?
4. Why couldn't Alain understand what was written?
5. Why was Gilles in a hurry to finish what he was doing?
6. What was Gilles going to do as his mother was out?

20   At the police station

This girl is in a police station in France and is talking to the officer in charge.

1. Why was the girl at the police station?
2. How and where did the reported incident take place?
3. What was missing?
4. How many boys were involved?
5. Two boys were named. What was special about the others?
6. What was the girl asked to do before leaving the police station?
7. Why was the policeman going with her?
8. What question was he going to ask people?

21 At the theatre

A French boy and his English friend are in a theatre chatting before the play begins.

Section one

1. Where were the couple's seats?
2. Why were they in a hurry?
3. How do you know the play was about to begin?
4. What was given to the usherette?
5. Are theatre seats generally more expensive in France or in England?

Section two

1. A qui faut-il donner un pourboire quand on va au théâtre?
   a) A la dame au guichet.
   b) A la dame voisine.
   c) A la vendeuse.
   d) A l' ouvreuse.

2. Il ne reste plus de places au balcon. Donc
   a) il y a beaucoup de monde au balcon.
   b) il y a des places libres au balcon.
   c) il n'y a personne au balcon.
   d) il y en a encore des places au balcon.

3. Quand on entend les trois coups
   a) on se couche.
   b) on s'arrête.
   c) on se dépêche.
   d) on se lève.

4. En France on donne un pourboire à certains employés. Pourquoi?
   a) Parce qu'ils sont heureux.
   b) Parce qu'ils sont au théâtre.
   c) Parce que c'est la coutume.
   d) Parce qu'ils ont trop d'argent.

5. Si vous avez une place à l'orchestre vous êtes certainement musicien.
   Vrai ou faux?

22 Lunch at Deauville

A man and his wife have just arrived in Deauville and decide to have lunch there.

Section one

1. How do you know the couple had probably been driving for some time before reaching Deauville?
2. Name two of the three 'starters' offered on the menu.
3. What kind of omelette did the woman choose and did she order anything to go with it?
4. When steak was ordered what did the waiter ask, and what was the reply?
5. While waiting for the food to arrive what did the couple have?

Section two

1. L'homme a laissé la voiture
   a) derrière le restaurant.
   b) dans le restaurant.
   c) en face du restaurant.
   d à côté du restaurant.

2. Ils ont mangé à la carte. C'est-à-dire
   a) ils ont pu choisir n'importe quoi.
   b) ils ont payé un prix fixe.
   c) ils ont mangé le menu.
   d) ils ont choisi la table d'hôte.

3. Qu'est-ce que l'homme a commandé?
   a) Un biftek à point.
   b) Un biftek bien cuit.
   c) Un biftek saignant.
   d) Un biftek sans frites.

4. Sa femme a commandé une omlette nature. Elle a donc commandé
   a) une omelette sans oeufs.
   b) une omelette aux champignons.
   c) une omelette aux oeufs seulement.
   d) une omelette aux fines herbes.

5. La tarte maison est
   a) une tarte qui ressemble à une maison.
   b) une tarte que vous mangez à la maison.
   c) une spécialité du restaurant.
   d) une boisson.

23 Buying shoes

A lady in a big store wants a pair of shoes and is looking for the shoe department.

Section one

1. How do you know that the shop was on more than one floor?
2. What size shoes did the customer require and what colour?
3. What did the saleswoman suggest the customer should do to make sure the shoes were satisfactory?
4. What do you know about the second pair of shoes offered?
5. Which pair did the customer buy?
6. Name two other items she was asked if she needed by the saleswoman.
7. Where did the customer and saleswoman finally go and for what purpose?

Section two

1. Qu'est-ce qu'on a installé dans le magasin pour faciliter la circulation des clients?
   a) Un ascenseur seulement.
   b) Un escalier seulement.
   c) Un étage et un rayon.
   d) Un ascenseur et un escalier roulant.

2. 'Quelle pointure chaussez-vous?' La vendeuse a posé cette question
   a) parce qu'elle voulait essayer des chaussures.
   b) parce qu'elle aime les chaussures.
   c) parce que la cliente voulait essayer des chaussures.
   d) parce que la cliente voulait rapporter les chaussures.

3. La vendeuse a dit à la cliente de marcher un peu. Pourquoi?
   a) Pour chercher une autre vendeuse.
   b) Pour la regarder.
   c) Pour chercher d'autres chaussures.
   d) Pour savoir si les chaussures lui allaient bien.

4. Si on vous offre une fin de série vous aurez probablement
   a) un grand choix.
   b) le dernier modèle.
   c) peu de choix.
   d) la dernière marque.

5. Enfin, la dame a acheté
   a) des chaussures peu confortables.
   b) des chaussures avec des lacets.
   c) des chaussures avec des dessus en caoutchouc.
   d) des chaussures avec des dessus en cuir.

24   The weather forecast

The weather forecast for France. It is early summer.

Section one

1. This weather forecast is for which day?
2. Name an area expected to be fine and sunny.
3. Why will it be cool on the Atlantic coast?
4. Why will the temperature remain on the low side in the Massif Central?
5. What time did this weather forecast finish?

Section two

1. Dans la région de Paris il va
   a) neiger.
   b) pleurer.
   c) gêler.
   d) pleuvoir.

2. Il fera beau et ensoleillé
   a) dans les Alpes et à Paris.
   b) dans les Alpes et à Bordeaux.
   c) à Paris et à Bordeaux.
   d) à Nice et sur la côte Atlantique.

3. Il y aura des orages
   a) dans les Alpes.
   b) dans le Midi.
   c) sur la côte Atlantique.
   d) dans le Massif Central.

4. Nice se trouve
   a) dans l'ouest de la France.
   b) dans l'est de la France.
   c) dans le Midi de la France.
   d) dans le Massif Central.

5. Les températures dans le Massif Central resteront assez basses à cause
   a) du froid.
   b) de la pluie.
   c) du brouillard.
   d) du vent.

25 Going to a museum

It is early afternoon and two girls, Samantha and Marie, are deciding which museum to visit.

Section one

1. Which day should you avoid if you want to visit a museum or public building in France?
2. Is admission free on Sundays?
3. Give two categories of people who benefit from a reduced entrance fee.
4. How do you discover the times of the guided tours?
5. What is the suggested alternative to these tours?
6. Are there any restrictions on taking photographs in museums?
7. What does Samantha especially want to see at the Louvre? (*English name*)
8. What does she want to see at Les Invalides?
9. What was the Louvre originally?
10. Name one category of exhibit to be seen at the Louvre.
11. What do the girls finally decide to do that afternoon?
12. Why?

Section two

1. Les musées sont ouverts
    a) tous les mardis.
    b) tous les jours.
    c) de mercredi à lundi.
    d) de lundi à samedi.

2. L'entrée aux musées est gratuite
    a) tous les jours y compris le dimanche.
    b) quelquefois le dimanche.
    c) tous les jours sauf le dimanche.
    d) tous les mardis.

3. Il y a des visites guidées
    a) à tout moment de la journée.
    b) aux heures fixes.
    c) le matin seulement.
    d) aux heures d'affluence.

4. Les appareils de téléguidage sont
    a) pour les visites avec guides.
    b) pour les étrangers seulement.
    c) pour les Français seulement.
    d) pour les visites sans guides.

5. Où se trouve le tombeau de Napoléon
   a) au Louvre.
   b) aux Invalides.
   c) au Musée de la Peinture.
   d) au Musée de Sculpture.

26 Invitation to a party

Francine gets a surprise telephone call from her friend Bernard.

Section one

1. Why did Bernard telephone Francine?
2. What was her reaction, and what did she do?
3. Why was the answer 'no' at one stage?
4. What conditions had to be met to allow the outing?
5. At what time was Francine going to be picked up, and where?

Section two

1. Where is the party taking place?
   a) At Bernard's house.
   b) At Francine's house.
   c) At Robert's house.
   d) At Janine's house.

2. When is the party taking place?
   a) Saturday evening, from 8 o'clock.
   b) Saturday evening, from 9 o'clock.
   c) Friday evening from 8 o'clock.
   d) Friday evening from 9 o'clock.

3. The party was likely to go on until at least
   a) 1 or 2 o'clock.
   b) 2 or 3 o'clock.
   c) 3 or 4 o'clock.
   d) midnight.

4. Bernard promised Francine's mother that
   a) he would see Francine home.
   b) he would not allow her to have anything to drink.
   c) he would see she stayed the night at Robert's house.
   d) she would stay the night with Janine.

5. Bernard was intending to collect Francine at
   a) 8.30 p.m.
   b) 8.45 p.m.
   c) 9.00 p.m.
   d) 9.15 p.m.

27 Fly-drive

Mr. Barrett has just arrived at a French airport where he is met by a hire clerk.

Section one

1. What was Mr. Barrett expecting to find waiting for him and where?
2. What was in the tank and how much was there?
3. Three keys were mentioned. What were they for?
4. Where were they to be left on the 25th?
5. Why was he given a telephone number?

Section two

1. Qu'est-ce que Monsieur Barrett espérait trouver à l'aéroport?
   a) Une moto.
   b) Un vélomoteur.
   c) Une auto.
   d) Un vélo.

2. Combien de litres d'essence y avait-il dans le réservoir?
   a) 15
   b) 5
   c) 105
   d) 25

3. Qu'est-ce qui se trouvait en face de l'aéroport?
   a) Une station.
   b) Un réservoir.
   c) Un avion.
   d) Une station-service.

4. Monsieur Barrett a dû montrer
   a) ses papiers.
   b) ses clés.
   c) son passeport.
   d) son permis de conduire.

5. Le jour de son départ, où devrait-il laisser la voiture?
   a) Près de la sortie.
   b) Près de la station-service.
   c) Près du téléphone.
   d) Près du siège arrière.

28 Motoring information

The radio announcer gives the latest road conditions throughout France.

Section one

1. For whom is this radio programme intended?
2. What is the problem near Montpellier?
3. What has happened at St. Tropez?
4. Why is traffic moving slowly between France and Italy?
5. Between what hours will the Mont Blanc tunnel be closed?
6. Which countries does it link?
7. Why is traffic moving slowly on the N75 south of Grenoble?
8. What has happened on the motorway at Salses?
9. What is the date of this bulletin?
10. At what time are motorists advised to listen for the next bulletin?

Section two

1. What is the problem on the Route Nationale 113?
   a) Snowdrifts.
   b) A traffic jam.
   c) High winds.
   d) Drunken drivers.

2. Why is the N98 closed in the direction of Toulon?
   a) It isn't.
   b) Road works.
   c) An accident.
   d) Police checks.

3. Why is traffic moving slowly between France and Spain?
   a) storms
   b) snow
   c) rain
   d) hail

4. Where are there road works?
   a) Near Grenoble.
   b) Near Montpellier.
   c) Near Menton.
   d) Near Toulon.

5. What has happened on the motorway near Salses?
   a) There has been an accident involving a lorry and a heavy goods vehicle.
   b) A heavy weight has fallen and blocked the road.
   c) A lorry has overturned.
   d) Several cars and lorries are involved in a pile-up.

Listening comprehension
Tapescripts

1 Asking the way

GIRL Je veux aller à la piscine.
WOMAN Alors, prenez cette rue à droite, allez jusqu'aux feux, tournez à gauche et vous voilà.
GIRL C'est loin?
WOMAN Non, trois ou quatre minutes.
GIRL Merci Madame.

2 At home

MOTHER Tu vas rester au lit toute la journée? Il est onze heures et demie.
PAUL Non maman, je me lève tout de suite. A quelle heure est le déjeuner? J'ai faim.
MOTHER Dans une demi-heure. Dépêche-toi.
PAUL D'accord.

3 A telephone call

MOTHER Ecoute, voilà le téléphone qui sonne. C'est sans doute pour toi. Va répondre, veux-tu.
YVETTE D'accord maman, j'y vais.

4 Homework

FATHER Tu n'as pas de devoirs à faire?
PAUL Non, j'ai tout fini, hier soir.

5 Shopping

JEANNE Tiens, Babette, qu'est-ce que tu penses de cette robe grise? Elle est jolie n'est-ce pas?
BABETTE Oui, elle n'est pas mal. Mais regarde le prix.
JEANNE Ah, oui, tu as raison. Elle est vraiment trop chère. Allons donc à Monoprix. Les robes sont moins chères, là-bas.

6 The metro

BOY Pardon Monsieur, est-ce qu'il y a une station de métro près d'ici?

7 The ticket office

BOY Un carnet de deuxième, s'il vous plaît, Monsieur.
MAN Voilà.

8   Asking directions

BOY	Pour aller à Odéon, c'est direct?
MAN	Ah non. Prenez la direction Château de Vincennes, changez à Châtelet, suivez le panneau 'Correspondance' puis c'est la direction Porte d'Orléans.
BOY	Merci Monsieur.
MAN	A votre service.

9   Plans for the day

CHANTAL	Réveille-toi, Suzanne. Regarde, le soleil brille, il fait beau ce matin. Tu veux aller à la plage?
SUZANNE	D'accord. Je pourrai mettre mon nouveau bikini.
CHANTAL	Ah oui. Il est très chic. Moi, je vais mettre mon maillot rouge. Mais dépêchons-nous, il est presque huit heures et demie. On prendra le petit déjeuner au café près du port n'est-ce pas?
SUZANNE	Bonne idée. Puis on achètera des sandwiches et des fruits pour faire un pique-nique sur la plage à midi. Comme ça, il nous restera assez d'argent pour manger ce soir au restaurant. Qu'est-ce que tu en penses, Chantal?
CHANTAL	Parfait. Tu as toujours de bonnes idées, toi. Allons-y, et n'oublie pas ton porte-monnaie!

10   A telephone call

MME. PERRIER	Allô? Oui.
THIERRY	Bonjour, c'est bien Madame Perrier?
MME. PERRIER	Oui, c'est moi. Qui est à l'appareil?
THIERRY	C'est Thierry, l'ami de Jérôme. Il est là?
MME. PERRIER	Oui, un instant, je vais l'appeler. Il est dans le jardin. Jérôme … Jérôme, on te demande au téléphone!
JEROME	Bon, j'arrive, un instant. Allô. Oui, c'est Jérôme.
THIERRY	Bonjour, mon vieux, c'est Thierry. Ecoute, j'ai deux billets pour le match de football cet après-midi. Tu veux y aller?
JEROME	Mais oui, je veux bien. On se rencontre à quelle heure?
THIERRY	Vers 1h.45 devant le stade. Ça va?
JEROME	Oui ça va bien. A tout à l'heure, alors. Au revoir. Et merci.
THIERRY	De rien. Au revoir.

11 Airport meeting

ALINE	Bonjour Pamela.
PAMELA	Bonjour Aline, comment ça va?
ALINE	Très bien, merci. Tu as fait un bon voyage?
PAMELA	Oui, l'avion était très confortable tu sais et le voyage n'a duré que quarante minutes.
ALINE	Formidable. D'où es-tu partie?
PAMELA	De Heathrow, à 11h. 00.
ALINE	C'est près de chez toi, Heathrow?
PAMELA	Oui, j'habite à huit kilomètres de l'aéroport.
ALINE	Tu n'es pas trop fatiguée.
PAMELA	Mais non, mais j'ai faim! Le voyage s'est passé tellement vite qu'on n'a même pas eu le temps de manger! On ne sert pas de repas entre Londres et Paris tu sais, seulement des boissons.
ALINE	Pauvre fille. Dépêchons-nous de rentrer, alors. Maman a préparé un bon repas et notre appartement est à une demi-heure d'ici.

12 At the customs

OFFICER	Bonjour, Mademoiselle, Votre passeport s'il vous plaît.
GIRL	Le voici monsieur.
OFFICER	Combien de temps allez-vous rester en France?
GIRL	Trois semaines, chez ma correspondante à Lyon.
OFFICER	Bon, maintenant vous devez passer à la douane.
OFFICIAL	Ce sont vos valises mademoiselle?
GIRL	Oui Monsieur.
OFFICIAL	Avez-vous quelque chose à déclarer?
GIRL	Non Monsieur. J'ai des cadeaux pour mon amie, mais c'est tout.
OFFICIAL	Montrez-moi les cadeaux s'il vous plaît.
GIRL	Voilà Monsieur. Un tricot en laine, de la confiture d'oranges et une boîte de bonbons.
OFFICIAL	Bien, ça va. Fermez la valise. Vous pouvez passer.

13 Hitch-hiking

WOMAN	Eh bien, nous voici à Rouen. C'est ici que vous voulez descendre n'est-ce pas?
STUDENT	Oui Madame. L'auberge de jeunesse est tout près – à cinq minutes environ. Je vous remercie beaucoup. Vous avez été très gentille.
WOMAN	De rien. J'ai passé une matinée beaucoup plus agréable que d'habitude. Je vous assure que les voyages en auto deviennent de plus en plus ennuyeux quand on est seul. Où avez-vous l'intention d'aller pour les grandes vacances?
STUDENT	Je ne sais pas encore. Si Rouen me plaît j'y reviendrai. L'été prochain j'irai peut-être à Cannes. Il me reste encore une année d'études à faire et ce sera donc l'autostop encore une fois!
WOMAN	Attendez! N'oubliez pas votre sac à dos dans le coffre.
STUDENT	Ah, oui, c'est vrai. Le voilà. Merci.
WOMAN	C'est tout n'est-ce pas? Au revoir, alors, et bonne chance pour le voyage de retour.
STUDENT	Au revoir Madame, et merci encore une fois.

14 Introductions

PHILIPPE	Papa, je te présente mon correspondant, David Turner.
FATHER	Bonjour David. Vous avez fait bon voyage, j'espère?
DAVID	Oui Monsieur, merci.
FATHER	Vous avez faim, sans doute. Nous mangeons dans une demi-heure. Quand êtes-vous arrivé?
DAVID	Je suis arrivé à 18 heures, mais je n'ai pas encore défait mes valises. Aussi, je voudrais téléphoner à ma mère pour lui dire que ça va.
FATHER	Mais bien sûr. Le téléphone est dans le salon. Il faut composer le numéro 19, ensuite le 44, puis l'indicatif de la ville, suivi de votre numéro de téléphone. Philippe, tu vas aider David n'est-ce pas?
PHILIPPE	D'accord. Viens David. Décroche le combiné, attends la tonalité puis compose le 19. Ça va?
DAVID	Oui, et maintenant?
PHILIPPE	Tu entends quelque chose?
DAVID	Oui.
PHILIPPE	Alors, compose le 44 et attends.
DAVID	J'entends de petits bruits, et après?
PHILIPPE	Compose l'indicatif de ta ville. Qu'est-ce que c'est?
DAVID	Le 0923.
PHILIPPE	Bon vas-y, mais sans le zéro – 923 seulement, et maintenant compose ton numéro de téléphone. Attends un peu. Tu entends quelque chose?
DAVID	Oui, ça y est, ça sonne. Hello Mum – it's David.

15 Shopping plans

CHRISTINE	Salut Angèle, où vas-tu?
ANGELE	Salut Christine. Moi je vais faire des courses pour maman. Demain c'est l'anniversaire de papa et elle veut lui faire des crêpes et un gâteau au chocolat. Puis je dois acheter un cadeau pour lui de la part de mon petit frère Lucien.
CHRISTINE	Chic alors. Moi aussi je vais en ville. Il n'y a plus de croissants chez le boulanger du quartier donc je vais en chercher à la grande boulangerie, rue Victor Hugo.
ANGELE	Bon, en route alors. Qu'est-ce que je pourrai bien offrir à mon père de la part de Lucien? Tu as des idées, toi?
CHRISTINE	Je ne sais pas. Cela dépend du prix.
ANGELE	Eh bien, Lucien m'a donné quinze francs.
CHRISTINE	Hmm. C'est difficile. On ne peut pas acheter grand-chose avec quinze francs.
ANGELE	Oui je le sais bien. Même les cravates coûtent plus cher que ça et papa ne veut pas de chaussettes!
CHRISTINE	Tiens, j'ai une idée. Ton père vient d'acheter un ordinateur n'est-ce pas?
ANGELE	Oui.
CHRISTINE	Alors, achète un magazine? Cela ne coûtera pas trop cher.
ANGELE	Ah oui, ça c'est une très bonne idée. Puis mon frère pourra s'en servir aussi! Voilà justement une librairie. Entrons, on pourra aussi regarder les magazines de mode en même temps.

16 At a café

JEAN   Ouf, qu'il fait chaud! Allons boire quelque chose. Il y a un bon petit café là-bas.

ALEX   Bonne idée, j'ai vraiment soif et puis j'ai mal aux pieds aussi.

JEAN   Tu veux t'asseoir à la terrasse?

ALEX   Oui, mais mettons-nous à l'ombre n'est-ce pas.

JEAN   D'accord. Voilà une table là-bas à gauche. Qu'est-ce que tu prends?

ALEX   Un citron pressé et une glace au chocolat. Et toi?

JEAN   Un cidre, c'est tout.

ALEX   Que ça fait du bien de se reposer un peu. Tiens, j'ai acheté des cartes postales tout à l'heure. Je crois que c'est bien le moment de les écrire. Cela ne t'ennuie pas?

JEAN   Oh, toi et tes cartes postales. Il me semble que tu en achètes tous les jours.

ALEX   Mais oui c'est vrai. Je les envoie à ma famille, puis, quand je serai de retour je pourrai les mettre dans un grand album. Voilà pourquoi j'en écris beaucoup.

JEAN   Cela doit te coûter cher. Ah, voilà le garçon qui arrive.

WAITER   Messieurs?

JEAN   Un cidre, un citron pressé et une glace au chocolat, s'il vous plaît.

WAITER   Bien.

JEAN   Alors, moi, je vais acheter un journal au kiosque là-bas. Ecris tes cartes et moi, j'en profiterai pour jeter un coup d'oeil aux petites annonces.

17 At the bank

PAT   On peut s'arrêter à la banque Giselle? Je dois changer des livres sterlings.

GISELLE   Oui, d'accord. Moi aussi, je dois toucher un chèque. Allons-y.

CLERK 1   Bonjour Mademoiselle.

GISELLE   Bonjour Monsieur. Voici ma carte d'identité – je voudrais toucher un chèque et mon amie anglaise veut changer des livres sterlings.

CLERK 1   Très bien. Voulez-vous vous adresser au guichet marqué 'Change' Mademoiselle.

GISELLE   Certainement…

CLERK 2   Votre passeport s'il vous plaît, Mademoiselle. Combien de livres voulez-vous changer?

PAT   Quatre-vingts.

CLERK 2   Bon. Signez là, s'il vous plaît. Et maintenant passez à la caisse.

PAT   Merci Monsieur…

GISELLE   Ça y est?

PAT   Oui, oui. Maintenant j'ai assez d'argent français pour payer la note à l'hôtel et aussi pour acheter quelques petits cadeaux.

GISELLE   Il te reste des chèques de voyage n'est-ce pas, Pat? N'oublie pas qu'on va à Versailles demain et au Moulin Rouge samedi soir.

PAT   Ah oui, c'est vrai. Mais si les banques sont fermées je pourrai toujours changer les chèques de voyage dans un bureau de change, n'est-ce pas?

GISELLE   Mais oui.

PAT   Ça va alors. Viens, je te paie un verre. Le café Bourgignon est en face, et moi, j'ai envie d'un petit apéritif avant le déjeuner.

18 A taxi ride

CLIENT	Taxi! Taxi!
DRIVER	Alors Monsieur où voulez-vous aller?
CLIENT	La Gare de l'Est et le plus vite possible. Le train part dans un quart d'heure et je n'ai pas reservé de place.
DRIVER	D'accord. Montez. Je mets les bagages avec vous. Ça va?
CLIENT	Oui. Oui, merci... Ah zut et zut! Il y a des embouteillages partout à cette heure-ci.
DRIVER	Ne vous en faites pas monsieur. Nous y serons dans cinq minutes...
CLIENT	Oh là, là, maintenant les feux sont au rouge. Je n'ai vraiment pas de chance aujourd'hui...
DRIVER	Et voila! On y est! Vous avez deux minutes. Voulez-vous un porteur?
CLIENT	Non, merci, je prends les bagages moi-même. Ils ne sont pas lourds. Je vous dois combien?
DRIVER	Ça fait 38 francs Monsieur.
CLIENT	Merci. Voilà. Gardez la monnaie.
DRIVER	Merci bien Monsieur, au revoir.

19 Rules of the game

ALAIN	Hé Gilles, viens ici, veux-tu, j'ai quelque chose à te demander.
GILLES	Bon j'arrive, Alain. Un instant. Je suis en train d'écrire à Tim. Qu'est-ce que tu veux?
ALAIN	Oh, rien de spécial. J'ai du mal à bien comprendre ce nouveau jeu que je viens d'acheter.
GILLES	Ecoute, mon vieux. Tu sais bien que je ne suis pas très fort en maths.
ALAIN	Non, ce n'est pas ça. C'est que je n'arrive pas à traduire l'anglais.
GILLES	Ça va, alors, qu'est-ce que tu veux savoir?
ALAIN	Regarde. Qu'est-ce que ça veut dire 'shuffle'?
GILLES	Battre les cartes.
ALAIN	Bon, merci, et ça?
GILLES	Discard pile? C'est-à-dire les cartes qu'on pioche.
ALAIN	Ah oui, que je suis idiot. Merci, Gilles.
GILLES	De rien. Et maintenant laisse-moi tranquille. Il faut finir cette lettre avant sept heures. Il y a un bon film à la télé ce soir et comme maman n'est pas là, je pourrai manger et regarder le film en même temps.

20 At the police station

POLICEMAN	Mademoiselle?
GIRL	Quelqu'un a volé mon sac, Monsieur.
POLICEMAN	Vous en êtes sûre? Vous ne l'avez pas perdu?
GIRL	Non, Monsieur. Je parlais avec des garçons dans la rue et tout à coup quelqu'un m'a bousculée et voilà, mon sac a disparu. Les garçons se sont sauvés et maintenant je n'ai ni passeport ni argent.
POLICEMAN	Eh bien Mademoiselle voulez-vous décrire les garçons? Ils étaient combien?
GIRL	Quatre Monsieur. Il y en avait un qui s'appelait Dodo et un autre Michel. Les deux autres garçons n'étaient pas français.
POLICEMAN	Alors Mademoiselle voulez-vous remplir cette fiche, s'il vous plaît, et après, nous irons tous deux à la recherche de ces jeunes gens. Vous me ferez voir exactement où ça s'est passé et on demandera aux passants s'ils ont vu une petite bande de voyous dans le quartier.
GIRL	C'est vraiment gentil, Monsieur l'agent. Merci beaucoup.

21 At the theatre

GIRL Nous avons des places à l'orchestre n'est-ce pas?

BOY Mais non, tu te rappelles. Il n'y avait plus de places en bas, et j'ai dû prendre des places au troisième rang du balcon.

GIRL Ah oui, c'est vrai.

BOY Monsieur, un programme s'il vous plaît. Merci. Il faut se dépêcher, voilà les trois coups, ça veut dire que la pièce va commencer. Montons vite. Mademoiselle, où sont les places 22 et 23 s'il vous plaît?

USHERETTE Suivez-moi.

BOY Merci. Voilà Mademoiselle.

GIRL Pourquoi as-tu donné de l'argent à l'ouvreuse?

BOY C'est la coutume. Vous donnez un pourboire à celui qui vend les programmes et aussi à la dame qui vous conduit à votre place au théâtre et au cinéma.

GIRL Ça ne se fait jamais en Angleterre!

BOY Oui, je sais, mais n'oublie pas que les places de théâtre sont moins chères en France. Chut! La pièce commence. Je t'en parlerai d'avantage après.

22 Lunch at Deauville

MAN Nous voici enfin à Deauville ma chérie. Mon Dieu, que j'ai faim! Nous avons fait plus de 300 kilomètres ce matin tu sais.

WOMAN Mangeons tout de suite, alors. Moi aussi, j'ai faim.

MAN Quelle chance, nous voilà juste en face d'un restaurant. Je crois que je peux laisser la voiture ici...
Voilà, ça y est. Descends...
Une table pour deux s'il vous plaît.

WAITER Par ici Madame, Monsieur. La carte ou le menu à prix fixe?

MAN La carte je crois. Qu'est-ce que tu veux Francine? Un hors d'oeuvres variés? Des escargots? Du potage?

WOMAN Du potage, je crois et une omelette nature avec haricots verts et une salade.

MAN Alors, deux potages, un biftek avec pommes frites, une omelette nature avec haricots verts et une salade.

WAITER Bien Monsieur, et comment voulez-vous le biftek? Saignant ou à point?

MAN A point, je crois.

WAITER Et comme boisson?

MAN De l'eau minérale et une bouteille de vin rouge – un Bordeaux.

WAITER Que désirez-vous comme dessert?

MAN Nous prendrons du fromage et la tarte maison. Et du café bien sûr.

WAITER Une tarte ou deux?

WOMAN Une seule.

MAN Et apportez-nous le vin et l'eau minérale tout de suite, s'il vous plaît.

WAITER Bien Monsieur.

23 Buying shoes

CUSTOMER Pardon Madame, le rayon des chaussures s'il vous plaît.

ASSISTANT 1 Au troisième étage. Vous avez l'ascenseur à gauche ou l'escalier roulant à droite.

CUSTOMER Merci… Vous êtes libre Mademoiselle?

ASSISTANT 2 Oui Madame.

CUSTOMER Je voudrais des chaussures blanches et pas trop chères, s'il vous plaît.

ASSISTANT 2 Certainement Madame. Quelle pointure chaussez-vous?

CUSTOMER Du 39 je crois …

ASSISTANT 2 Voilà Madame …
Marchez un peu, voulez-vous.

CUSTOMER Elles ne sont pas très confortables. Vous avez quelque chose avec des semelles en caoutchouc?

ASSISTANT 2 Oui, voilà une autre paire. Les dessus sont en cuir et les semelles sont très souples. C'est une fin de série et très bon marché.

CUSTOMER Ah oui. Parfait. Celles-ci sont très confortables. Je les prends.

ASSISTANT 2 Très bien Madame. Il ne vous faut rien d'autre: lacets, crême à chaussures, socquettes?

CUSTOMER Non merci, c'est tout.

ASSISTANT 2 Bien Madame. Voulez-vous m'accompagner à la caisse s'il vous plaît?

24 The weather forecast

ANNOUNCER Voici les prévisions météorologiques pour la journée du 18 juin.

Les températures dans le nord et le nord-ouest du pays seront assez basses avec 16 degrés seulement.

Dans la région parisienne le temps sera pluvieux avec éclaircies dans l'après-midi. A Paris il fera entre 17 et 18 degrés.

Dans le sud-ouest, dans la région de Bordeaux, il fera beau et ensoleillé mais les températures resteront assez basses toute la journée à cause d'un vent assez fort sur la côte Atlantique. Dans les Alpes le temps sera beau et ensoleillé. Températures en général entre 18 et 20 degrés.

Dans le Midi Méditerranéan le temps sera nuageux avec orages dans l'après-midi, surtout dans la région de Nice. Températures entre 22 et 24 degrés.

Dans le Massif Central il y aura du brouillard toute la journée. Donc, températures basses entre 15 et 17 degrés seulement.

Voici la fin de nos prévisions météorologiques pour le 18 juin. Il est maintenant 8h.06.

25 Going to a museum

MARIE   Alors, Samantha, tu veux aller au musée cet après-midi?

SAMANTHA   Oui, je veux bien. Les musées sont ouverts tous les jours?

MARIE   Oui, sauf le mardi. Presque tous les monuments sont fermés le mardi, d'ailleurs.

SAMANTHA   L'entrée est gratuite?

MARIE   Ça depend. Quelquefois le dimanche on ne paie pas. Mais en tout cas, il y a un tarif réduit pour les étudiants, pour les familles nombreuses et pour les groupes scolaires.

SAMANTHA   Il y a des visites avec guides?

MARIE   Bien sûr, mais il faut regarder l'affiche à l'entrée du musée pour savoir à quelle heure elles commencent. Il y a aussi des appareils de téléguidage où le commentaire est en français, ou en anglais, ou en allemand, ou en espagnol ou même en italien. A vous de choisir!

SAMANTHA   On peut prendre des photos?

MARIE   Oui, mais le flash est défendu. Où veux-tu aller, enfin?

SAMANTHA   Au Louvre voir la Joconde et ensuite je voudrais visiter le tombeau de Napoléon aux Invalides.

MARIE   Oh, là, là. Mais pas aujourd'hui. Je te préviens le Louvre est un ancien palais et il te faudra une journée entière pour tout voir.

SAMANTHA   Oh, tu sais, une petite visite me suffira. Les sculptures ne m'intéressent pas beaucoup. J'ai surtout envie de voir les peintures.

MARIE   Bon. Mais j'ai une autre idée. Comme il est déjà une heure et quart, et les musées sont fermés à cinq heures, allons plutôt aux Invalides aujourd'hui, puis on aura toute la journée à nous demain. Il y a tant de choses à voir au Louvre.

SAMANTHA   D'accord. Allons-y.

26 Invitation on to a party

BERNARD   Salut Francine. Comment vas-tu? C'est Bernard à l'appareil.

FRANCINE   Salut Bernard. Oui, ça va. Qu'est-ce que tu veux?

BERNARD   Eh bien, il y a une boum chez Robert samedi soir. Tu veux y aller?

FRANCINE   Mais oui, je veux bien, mais il faut que je demande à maman. C'est à quelle heure?

BERNARD   A partir de 9 heures.

FRANCINE   Attends …
   Oui, ça va. Janine y va aussi?

BERNARD   Oui bien sûr. Et Félix et Marc.

FRANCINE   Chouette! A quelle heure serons-nous de retour?

BERNARD   Aucune idée ma petite. Disons 2 heures ou 3 heures du matin.

FRANCINE   Oh, là, là. Attends un instant …
   Ah non, ça ne va pas du tout. Maman dit que je dois être de retour à 1 heure au plus tard.

BERNARD   Ecoute, dis à ta mère que je te ramènerai après et que je lui promets de ne rien boire.

FRANCINE   Bon, je vais lui dire ça …
   Oui ça va. Maman dit que si tu restes avec moi et me ramènes après je pourrai y aller. Mais pas de bêtises! Elle ne veut pas que je passe la nuit chez Robert.

BERNARD   Bien sûr. Je te le promets. Alors, je serai chez toi vers 8h.45 samedi soir.

FRANCINE   D'accord, je serai prête. A samedi alors et merci beaucoup.

BERNARD   De rien. A samedi. Au revoir, Francine.

FRANCINE   Au revoir.

27 Fly-drive

HIRE CLERK	Monsieur Barrett?
MR. BARRETT	Oui, c'est moi.
HIRE CLERK	Votre voiture vous attend à la sortie Monsieur.
MR. BARRETT	Excellent, c'est une Fiat, j'espère?
HIRE CLERK	Mais oui Monsieur, exactement comme vous avez demandé. Suivez-moi, Monsieur, c'est par ici. La voilà monsieur. Tout est en ordre, les pneus, l'huile, l'eau, et il y a environ cinq litres d'essence dans le réservoir. La station-service est en face.
MR. BARRETT	Je vous remercie.
HIRE CLERK	Et voilà tout ce qu'il vous faut comme papiers et voici les clés. Celle-ci est pour le coffre et celle-là pour la portière. L'autre est la clé de contact. Vous avez votre passeport?
MR. BARRETT	Oui, le voilà.
HIRE CLERK	Bien, alors, voulez-vous signez ici, s'il vous plaît.
MR. BARRETT	Merci. C'est tout?
HIRE CLERK	Oui. Il vous faudra rendre la voiture une heure avant le départ de votre vol. Vous partez le 25 je crois.
MR. BARRETT	Oui c'est exact. Où voulez-vous que je laisse la voiture?
HIRE CLERK	Ici, près de la sortie. Laissez les clés sur le siège arrière et voici un numéro de téléphone. Si vous avez des problèmes vous pouvez nous appeler à n'importe quelle heure.
MR. BARRETT	Je vous remercie.
HIRE CLERK	De rien Monsieur. Au revoir et bonnes vacances.

28 Motoring information

ANNOUNCER Bonjour. Voici nos dernières informations routières pour ceux qui partent en vacances aujourd'hui.

Dans la région de Montpellier il y a un embouteillage de 12 kilomètres sur la Nationale 113 près de Balaruc.

A St. Tropez un accident de la route a fermé la N98 dans la direction de Toulon. A Menton, entre la France et l'Italie, la route est très encombrée et la circulation roule à 20 kilomètres à l'heure.

Dans les Pyrénées il y a des chutes de neige sur la route entre la France et l'Espagne, et on roule très mal dans la région de Mont Louis. Dans les Alpes du Nord le tunnel du Mont Blanc, entre la France et l'Italie, va être fermé à 18h.20 ce soir jusqu'à 08h.00 demain matin.

A neuf kilomètres au sud de Grenoble sur la N75 la circulation roule très lentement à cause des travaux. Sur l'autoroute à Salses au nord de Perpignan, attentes assez prolongées à cause d'un camion qui est entré en collision avec un poids lourds qui a déversé son chargement. Et voilà la fin de nos prévisions routières pour la journée du cinq août. N'oubliez pas de nous écouter demain matin à 8 heures pour les dernières informations routières. Bonsoir et bonne route à tous nos auditeurs.

Reading comprehension

Multiple choice answers

Exercises		1.	2.	3.	4.	5.
6	Off on holiday	c	d	c	d	F
7	Breakfast in a French café	c	b	b	d	a
8	Taxi driver	b	d	c	b	b
9	Have you seen …?	c	c	c	a	d
10	Lunchtime	b	a	c	b	c
11	Adventure holidays	c	b	c	c	c
12	The Pompidou Centre	b	c	c	d	d
13	Arrival at La Rochelle	b	c	c	d	a
14	What a match!	c	b	b	a	b
15	Trade fairs	c	c	c	b	F
25	A working holiday	c	d	d	c	d
26	Edinburgh Festival – Part one	b	d	a	c	c
27	Edinburgh Festival – Part two	a	b	c	b	a
28	In memoriam	b	a	c	c	a
29	A special kind of dictionary	b	b	a	d	c
30	In search of truffles	b	b	d	d	v

Listening comprehension

Multiple choice answers

Exercises		1.	2.	3.	4.	5.
9	Plans for the day	c	c	d	a	d
10	A telephone call	b	c	d	b	d
11	Airport meeting	c	d	c	b	c
12	At the customs	d	c	b	c	b
13	Hitch-hiking	d	b	b	c	b
14	Introductions	d	c	d	d	b
15	Shopping plans	d	b	b	a	d
16	At a café	c	d	d	b	a
17	At the bank	c	c	a	b	a
18	A taxi ride	c	d	b	b	d
21	At the theatre	d	a	c	c	F
22	Lunch at Deauville	c	a	a	c	c
23	Buying shoes	d	c	d	c	d
24	The weather forecast	d	b	b	c	c
25	Going to a museum	c	b	b	d	b
26	Invitation to a party	c	b	b	a	b
27	Fly-drive	c	b	d	c	a
28	Motoring information	b	c	b	a	a